문득 길을 잃었어도
어느 날 마음을 다쳤어도
늘 너의 편이 되어줄게

무엇이 되더라도 무엇을 하더라도

"세상에 단 하나뿐인 _____ 의 편이 되어줄게"

문법에 맞지 않는 문장이 일부 있을 수 있으나
이는 더 큰 공감을 이끌어내기 위함이며,
저자 고유의 글맛을 살리기 위해 표기와 어법은 저자 고유의 문체를 따랐습니다.

작가의 말

'지금'이라는 단어를 좋아합니다. 어제와 비교하지 않고, 내일과 견주지 않고 바로 지금이라는 시간을 있는 그대로 소중히 여겨줘야 하니까요.

주저하게 되는 건 어제보다 조금 더 나아져야 한다는 부담감 때문이고 불안함을 품는 건 내일의 불확실성 때문이겠죠. 주저하지 말고, 불안해하지 말고 지금을 즐겁게 살아갔으면 좋겠습니다. 지난날의 나를 미워하고 미래의 나에게 미리 걱정을 안겨줄 필요는 없습니다.

저는 인생의 해답을 주는 글은 쓰지 못합니다. 아직 저도 삶의 길을 찾아 걸어가고 있습니다. 그런 제가 감히 모든 걸 다 알고 있는 것처럼 말하고 싶지 않습니다.

다만, 제 이야기를 들려드리고 싶습니다. 싫어하는 것보다 좋아하는 게 훨씬 많고, 중요한 선택 앞에서 몇 날 며칠을 고민하고, 무모해 보일지 모르는 일도 꿈꾸고, 도전했던 이야기를 담았습니다.

넘어지고 일어나기를 반복하면서 점점 더 단단해지는 것 같습니다. 넘어짐은 언제나 익숙하지 않습니다. 한참을 쪼그려 앉아 힘들어할 때, 누군가가 건네준 위로의 한 마디가 큰 힘이었습니다. 이번에는 제가 힘이 되어주고 싶습니다. 뭐든지 할 수 있는 여러분에게 이 말을 전하고 싶습니다. 무엇이 되더라도 무엇을 하더라도,

"늘 너의 편이 되어줄게."

김가영 올림

차례

004-005   작가의 말

「1부」

그렇게 용감한 어른이 되어 꼭 행복해지길

012 | 매일 나의 마음이 맑음이길
015 | 내 마음이 향하는 결정을 존중해
021 | 어른이 되어가는 중인 걸까?
026 | 꿈
030 | 유튜버로서의 첫 발자국
034 | 목표를 만들어 나가는 게 목표일지 몰라
038 | 꿈 앞에서 잔뜩 움츠러든 나에게
040 | 기회는 멈춰있지 않은 순간에 찾아와
045 | 완벽하지 않아서 특별한 우리
048 | 모든 것이 과정임을 알고 있다
053 | 나를 인정해 주는 것에서부터
057 | 한 번뿐인 소중한 인생이야
059 | 지금 포기한다면 앞으로도 기회는 오지 않는다
064 | 예쁜 감정들은 나눌수록 커지는 법이니까
066 | 작은 온기를 전해요
068 | 우리는 매일 성장하고 있어요
071 | 조급해하지 말아요 우리

「2부」

오늘도 역시나 행복했어

076 | 한 걸음 더 나아갈 수 있는 힘
081 | 웹드라마 촬영장의 온도
083 | 봄이 온 줄도 모르고
087 | 행복 키우기
090 | 평생 가장 좋은 친구는
093 | 변화 속에서 찾는 답
097 | 일상의 소중함
098 | 우리의 만남이 미소로 기억되길
102 | 자기 가능성의 크기
107 | 여행이었다
110 | 말의 무거움에 대해
113 | 내 동생 구찌
118 | 내가 나로서 더 행복해지도록
124 | 따뜻했던 기억
127 | 일상의 기쁨
128 | 사랑하는 우리 할머니
132 | 따뜻한 말 한마디

「3부」

마음에 여유가 들도록 적당한 비움이 필요해

138 | 늘 너의 편이 되어줄게
142 | 해야 하는 것과 하고 싶은 것
145 | 그렇게 모두 행복해지길
147 | 쉬어도 될까요?
152 | 용기가 필요한 순간들
155 | 내가 나를 소중히 여기는 것부터
158 | 오염된 말에 마음이 다치지 않도록
162 | 얼마든지 극복할 수 있어요
166 | 나만의 응원법
169 | 내가 왜 왕따를 당해야 했을까
174 | "최선을 다한 당신이 너무 멋져요"
177 | 부모님의 남은 기억에게
180 | 괜스레 생겨나는 두려움에 지지 않으면 해요
183 | "더 좋아질 거야"
184 | 선택하는 연습
187 | 다른 길로 가보는 것도
190 | 그래도 나답게
193 | 하루 끝에서 우리에게 필요한 것

「4부」

어떤 변화라도 괜찮아요!

198 | 작은 행복
200 | 열심히 행복해야지
202 | 더 성장할 우리
205 | 그 마음이 부끄럽지 않도록
208 | 친구
211 | 다정한 말 한마디
214 | 온기 가득한 감정만
216 | 실패해도 넘어지지 않는 마음
220 | 행복한 기억들이 필요해
222 | 언제나 서로를 응원하는 사이
226 | 조금만 다른 시선으로 바라보면
229 | 여행의 이유
233 | 인생 여행지
238 | 소중한 '나'
241 | 선물 같은 사람
247 | 어떤 변화라도 괜찮아요
251 | 많이 사랑해요

"내 자신감과 자존감의 근원은
나를 인정해 주는 것에서부터 시작된 것일지 모른다."

그렇게 용감한 어른이 되어
꼭 행복해지길

1부

매일 나의 마음이 맑음이길

"가영이는 참 밝은 사람 같아."

주위 사람들에게 정말 많이 들었던 말이다. 사람들이 알려주기 전까지는 내가 밝은 사람인지 몰랐다. 걱정도 많고, 가끔 참다가 욱하고 화가 날 때도 있어서 긍정적이라는 생각은 하지 못했다. 다른 사람이 말해주는 걸 듣고서 내가 갖고 있던 밝음을 찾아낼 수 있었다. 사람은 누구나 밝은 에너지를 품고 있다고 생각한다. 스스로가 밝은 사람이라고 생각하지 않는다면, 자신의 마음속에 있는 밝음이라는 매력을 아직 찾지 못한 것 같다.

밝게 산다는 건 좋은 일만 경험하는 게 아니라, 안 좋은 일이 생겨도 그걸 잘 흘려보내는 일이다. 슬프거나 속상한 감정이 생기면 빨리 잊어버리고 벗어나려고 노력한다. 슬픈 감정을 오래 갖고 있으면, 생각이 꼬리에 꼬리를 물어서 더 큰 걱정과 슬픔으로 몸집을 부풀린다. 부정적인 감정에 휩쓸리지 않게 내가 좋아하는 것을 하며 슬픔이나 힘듦을 털어내고 즐거움을 채우는 데에 집중한다. '그래, 나는 이겨낼 수 있어' '이 일을 통해 나는 더 단단해질 거야' 부정적인 감정이 오래가지 않도록 나를 응원하기도 한다.

내 인생이 한 편의 영화라면, 슬픈 장면보다는 즐거운 장면들이 더 많았으면 좋겠다. 별일 아닌 것에도 기쁨을 온전히 느낀다. 신나는 일이 있으면 노래도 흥얼거리고 근사한 춤이 아니어도 덩실덩실 내 맘대로 춤을 추기도 한다. 조금 전까지 적적했을지라도 노래를 부르다 보면 부정적인 감정은 눈 녹듯 사라지고 웃고 있는 나를 발견한다. 내 인생을 만들어가는 동안 이왕이면 밝은 순간들로 채워지는 게 더 좋지 않을까. 안 좋은 일 때문에 마음이 시들지 않고 싶다. 별거 아닌 소소한 행복에도 싱그럽게 활짝 피어나듯 기뻐하며 살아가면 좋겠다. 매일 나의 마음이 맑음이길. 그리고 당신의 마음도 맑음이길.

당신의 마음이 맑음이길.
매일 나의 마음이 맑음이길.

내 마음이 향하는 결정을 존중해

처음 먹어보는 음식, 처음 가보는 장소, 처음 해보는 것. 뭐든 처음 한다는 건 설레고, 기대되는 일이다. 물론 익숙함이 주는 편안함과 실패를 겪지 않아도 된다는 안정감도 좋지만 새로움을 향해 도전해 보는 걸 더 선호한다. 해볼 수 있는 것들이 많은데 익숙하고 편안한 것만 찾는 건 다시 오지 않을지도 모르는 기회를 놓치는 것 같다. 더 넓은 세상을 만나고 싶다. 지금은 나에게 익숙함과 편안함을 주는 것들도 오래전 그것이 내 삶에서 제일 처음이었을 때는 내가 만나보지 못했던 도전이었다. 익숙함보다는 새로움을 향한 도전을 통해서 좋아하게 된 것을 찾아내는 과정이 살아감의 폭이 넓어지는 것이다. 만약 도전했는데 그 결과가 별로라면 다음에는 하지 않으면 된다는 경험을 얻은 것이고, 다른 도전을 향해 방향을 전환할 계기가 되어주는 것이다.

도전이 거창해 보일지라도 생각해 보면 별거 아니다. 오늘 뭐 먹을지 정할 때 내가 있는 장소를 지도에 띄워놓고, 주변의 새로운 식당들을 검색한다. 그중에 내가 가봤던 곳도 있을 테지만 새로운 곳을 더 선호한다. 평점이나 다른 사람들의 평가를 꼼꼼히 읽어보면서 새로 가게 될 식당을 찾는다. 새로운 식당을 찾는 동안 음식은 어떤 맛일지 기대되기도 하고, 막상 갔는데 별로일까 봐 조마조마하기도 한다. 그렇게 찾은 식당이 생각보다 별로였어도 크게 실망하지는 않는다. 내 입맛에 맞지 않는 음식이라는 걸 알아서 이 식당을 다시 안 오면 되는 것이지만, 여길 애초에 안 와봤다면 나는 아마도 계속 궁금해했을 것이다. 도전해 봤기에 나의 궁금증이 해소된 것이다. 새로 가본 식당 음식이 맛있기까지 하다면 너무 근사한 일이다. 다음에 친구들에게 추천해 줄 수 있는 나의 맛집 리스트에 하나를 더 추가한다. 자그마한 도전이지만 결과를 모르기에 더 설레고 재밌다.

살아가면서 여러 번 선택의 기로에 놓이고, 그 선택을 통해 다시 새로운 도전을 하게 된다. 도전하는 게 두려울 때도 있다. 과연 내가 옳은 선택을 한 걸까? 다른 걸 선택했을 때 더 좋은 결과가 나오진 않을까? 여러 고민과 생각이 복잡하게 올라올 때, 나는 마음의 소리에 집중한다. 내 마음이 향하는 결정을 존중한다.

고등학교 때부터 나는 선생님이 너무 하고 싶어서 대학 진학을 할 때 원서를 모두 관련 학과로 넣었다. 어릴 때부터 한문을 배웠고, 수능 최저등급도 한문으로 맞춰서 한문 선생님도 잘 해낼 수 있을 거 같았다. 그래서 한문 선생님의 꿈을 갖고 한문교육학과에 진학했다. 내가 생각했던 대학 생활은 학생들을 가르치는 교수법에 대해 배우고, 좀 더 폭넓은 사회생활에 대해 배울 수 있을 것 같았는데 막상 다녀보니 내 기대와는 달랐다. 4년 동안 오로지 한자 공부를 한다는 게 막막했다. 과 생활에도 그렇게 잘 적응하지 못하고, 수업도 흥미롭지 않았다.

한창 학과 생활에 흥미가 떨어져서 고민하고 있을 때, 학교 홍보대사 활동을 같이한 언니 오빠 중에 커뮤니케이션학부가 많다는 걸 알았다. 친한 언니들이 수업을 같이 듣자며 커뮤니케이션학부에 오라는 말에 덜컥 전과 신청을 하게 되었다. 하고 싶은 건 일단 도전하고 보는 나였기에 그렇게 새로운 학과 생활이 시작되었다. 다른 사람들이 전과를 선택하는 것처럼 오래 알아보고 고민한 후에 결정한 것은 아니었다. 그래도 지금 후회는 없다. 새로운 학문인 광고를 배우는 게 너무 재밌다. 그때의 내 선택이 아니었다면 새로운 꿈을 가져보진 못했을 것 같다.

우연히 학교 홍보대사를 모집한다는 글을 봤었다. 처음엔 해봐야겠다는 생각도 없었고, 무엇보다 도전하면 내가 할 수 있을까? 하는 걱정이 앞서서 도전할 엄두를 내지 못했다. 그러다가 모집 마감 이틀 전, 고민 끝에 되든 안 되든 도전해 보고 실패하는 게 낫지 해보기도 전에 포기하면 후회할 것 같은 생각이 들었다. 최선을 다해 도전했고, 결과는 홍보대사로 활동하게 되었다. 내가 정말 포기했더라면 나에게 오지 않았을 기회였던 것이다.

여전히 나는 새로운 것을 향해 도전하고 있고, 또 그 과정에서 넘어지기도 하고 목표했던 걸 이뤄내며 행복해하기도 하면서 지내고 있다. 기회라는 것은 도전하지 않으면 가질 수 없는 것인 것 같다. 미리 걱정하고 포기하는 순간 나에게 주어질 기회가 순식간에 사라지는 것이다. 잘 안될까 봐, 혹은 실패할까 봐 무서워하고 있다면 일단 가보고 싶은 길을 향해 나아가라고 말하고 싶다. 도전해야 새로운 길이 열리는 법이다. 도전하지 않고 가만히 있다면 계속 머무르게 될 뿐이다. 머무르지 말고 더 넓고 큰 세상으로 나아가면 당신만의 멋진 길이 나타날 테니까.

도전하면 새로운 길이 열리지만,
도전을 관둔다면 머무르게 될 것 같아요.
익숙함과 편안함이 주는 안도감도 좋지만,
해보지 못한 새로운 길을 걸어보는 건 어때요?
시작은 설렘과 걱정을 모두 갖고 있대요.
걱정은 잠시 접어두어도 괜찮아요.
새롭게 해낼 일이 생긴다는 건
너무 설레는 일이잖아요.

어른이 되어가는 중인 걸까?

'나는 어른이 맞나? 어른이 되어가는 중인 건가?'

한 번씩 그런 생각이 든다. 여전히 할머니 댁에서 사촌 동생과 함께 뛰어노는 게 재밌고, 커피보다는 초콜릿 음료가 맛있고, 공부하고 일하는 것보다 놀러 다니는 게 좋다. 나의 나이는 어른이지만 어른이란 단어가 아직은 어색하다.

성인이 되면 뭔가 많이 바뀔 줄 알았다. 말도 조리 있게 잘하고, 넓은 분야의 지식도 해박해져서 사회에 관심이 많을 거라고 그려왔다. 마음도 더 단단해지고, 행동도 차분해지고, 사고도 지적으로 변하는 줄 알았다. 아직은 배워 갈 길이 먼 나이지만, 학생 때와 비교해 봤을 때 나는 지극히 그대로이다.

내가 어른이란 단어를 너무 정형화시켜서 생각하고 있던 것일지 모르겠다. 사람마다 다르게 생각할 수 있겠지만, 어른이라고 하면 머릿속에 '성숙하다'라는 이미지가 제일 먼저 떠오른다. 성숙하기에 모든 면에서 의연할 것 같고, 다 잘할 것 같고, 완벽할 것만 같다. 하지만 어른도 실수할 수 있는 거 아닌가. 어른이니까 어떠어떠해야 해, '어른다워야 해.' '어른답게 행동해야지.'라는 말이 내겐 아직 무겁다.

앞으로 살아갈 날에 있어서 지금이 가장 어린 시기다. 처음 해보는 일은 실수할 수도 있고, 모든 걸 잘해야 할 필요도 없다. 사람마다 흘러가는 시간이 다르듯이 사람마다 인생을 살아가는 방식과 시간에 따른 흐름이 다른 법이다. 진지한 사람이 있으면 그렇지 않은 사람도 있다. 나는 세상을 무겁지 않게 바라보고, 조금은 자유롭게 헤쳐나가며 유연하게 생각하고 싶다.

고등학교를 졸업하고 사회적으로 어른이라 부르는 스무 살을 그렇게 기다려 왔는데 별반 다를 게 없다. 어릴 때

'할머니도 마음만은 소녀고, 청춘이야'라는 말이 조금도 와닿지 않고, 무슨 뜻인지 궁금했다. 지금 느끼는 이 감정 그대로 내가 할머니가 된다면, 나이만 더 들었을 뿐 지금처럼 그대로라는 말인 것 같다. 스무 살 12월에 그런 생각이 들었다.

'작년과 지금의 난 생각하는 것도, 놀고 있는 방식도, 내가 재밌어하는 것도 정말 다 그대로인데 내가 어떻게 어른이지?'

글을 쓰고 있는 지금의 나도 여전히 그대로다. 앞으로 몇 년이 지나도 이 모습일 것이다.

굳이 어릴 적의 나와 지금의 나 사이에서 다른 점을 찾아보자면 내가 스스로 하고 싶은 게 무엇인지 찾아가는 중이라는 것이다. 내가 원하는 바를 하나씩 채워가고 있다. 어른이 되어가는 과정은 내가 무엇을 좋아하는지 알아가고, 어떤 걸 해보고 싶은지 찾아내는 게 아닐까. 그렇게 성장하다 보면 내가 무엇을 좋아하는지 알고, 목표를 정하고, 계획을 세워 자기가 정한 목적지를 향해 걸어 나갈 용기를 가진 사람이 어른인 것 같다.

사실 학생 때는 내가 해볼 수 있는 경험의 폭이 그리 넓지 않았다. 주위에서 찾을 수 있는 표본을 좇거나, 주변 사람들이 좋다고 하는 것에 마음이 기울었다. 그런데 사회생활을 경험하고, 주변 환경도 바뀌고, 자립하면서 스스로 많은 것들을 선택하고, 결정하면서 생각의 틀이 달라졌다. 다양한 것을 경험하는 과정에서 내가 원하는 게 뭔지 한번 더 생각하게 되었다. 그렇게 나를 찾아가고 또 채워가는 중이다. 아마도 어른이 되어가는 과정인 것 같다.

앞으로 어른이 될 내게 바라는 점이 있다면 계속해서 꿈을 꾸는 어른이 되었으면 싶다. 지금에 멈춰있지 않고 더 성장할 수 있는 그런 어른. 새로운 도전을 하기에 나이가 걸림돌이 될지 모른다고 생각하는 경우가 많다. '지금이 너무 늦은 시기가 아닐까?' '나보다 더 먼저 시작한 사람도 있을 텐데 과연 내가 할 수 있을까?' 이런 고민에 지고 싶지 않다. 시작하지 않으면 할 수 있을지 없을지도 모르는 법이다. 새로운 도전을 하는 것만큼 나를 더 단단하게 만들고, 성취감을 줄 수 있는 건 없다. 뭐든지 해 보면 그 안에서 새로운 배움이 있다. 큰 꿈이든 작은 꿈이든 이뤄내기 위해 노력하는 멋진 어른이 되고 싶다.

 내가 느끼기에도 '내가 어른이 됐구나' 생각할 만큼 경험의 폭이 넓어진 때에는 세상을 조금 더 넓게 바라보고 현명하게 대처하는 사람이 되어있지 않을까. 꼬마 가영이가 20대 가영이의 모습을 상상했듯, 지금의 내가 언젠가 될 어른 가영이를 꿈꿔본다.

꿈

꿈이라는 단어를 처음 알았을 때가 초등학생이었다. 그때의 내게 꿈이란 단어는 멋있는 사람을 뜻하는 말이었다. 어릴 때 즐겨 봤던 TV프로그램인 스타킹에 나오는 마술사가 너무 멋있었다. 없는 걸 만들어 내고, 내가 원하는 걸 다 이루어 주는 사람 같았다. 마술을 보고 있으면 시간 가는 줄 몰랐다. 나도 나중에 저렇게 멋진 마술을 해야지 생각하며 마술사를 꿈꿨었다.

조금 더 커서는 꿈의 뜻이 나중에 내가 하면 좋겠다 싶은 직업이었다. 초등학교 고학년이 됐을 때, 할머니 치아가 안 좋다는 이야기를 듣고 치과의사 선생님이 되어야겠다는 꿈을 꿨다. 우리 할머니를 치료해 드리고 싶었다. 나이가 어려서 치과의사가 되는 과정이 어떤지도 몰랐고, 마냥 할머니 치아를 건강하게 해드리고 싶다는 마음만으로 갖게 된 꿈이었다.

중학교, 고등학교를 지나면서 꿈은 내가 잘할 수 있는 것 중에 하고 싶은 일이라는 생각이 들었다. 꿈을 정하기엔 너무 막연했지만, 그래도 곧 다가올 현실에서 무엇을 할지 정해야 할 것 같았다. 나는 겨우 고등학생이었기에 자라면서 내가 가장 많이 봐온 직업은 선생님이었다. 그래서인지 선생님이란 직업이 친근하고 좋았다. 운이 좋게도 고등학교 일 학년 때 좋은 담임선생님을 만났다. 담임선생님께서 고민 얘기도 들어주시고, 학업이나 앞으로의 진로에 대한 부분도 잘 이끌어주셨다. 나의 학창 시절에 가장 많은 영향을 주신 분이었다. 선생님을 보면서 나도 나중에 크면 선생님이 되고 싶다는 꿈을 가졌다. 학생들이 한참 고민이 많고, 뭘 어떻게 할지 모르겠을 때 가이드를 잡아주고, 더 넓은 세상을 볼 수 있게 이끌어 주고 싶었다.

 선생님의 꿈을 가지고 사범대학에 입학했고, 한문 교육학을 배웠다. 하지만 안타깝게도 전공 수업과 학과에 적응하지 못한 채 고민했다. 내가 정말 하고 싶었던 게 선생님은 맞지만, 그렇다고 4년 동안 내가 즐겁지 않은 학교생활을 해야 하는 걸까? 내가 버틸 수 있을까? 계속 방황할 수 없어서 어떤 방법이 있을지 한동안 고민하다가, 전과를 선택했다. 새로 배우게 된 광고 홍보 전공 수업이 너무 재밌었다. 지난날 동안 살면서 딱히 관심도 없고, 크게 영감을 받지도 못했던 광고를 배웠는데 너무 흥미로웠다. 새로운 학문을 배우면서 내가 경험하지 못한 직업과 세상이 너무 크다는 걸 깨달았다. 정말 선생님이 하고 싶었고, 다른 직업은 생각조차 하지 않았던 내게 더 큰 세상이 있음을 알게 된 건 지금 생각해도 머리가 띵한 충격이다.

꿈은 명사형의 직업이라고만 생각했던 내가 꿈에 대해서 조금씩 미래를 그리기 시작한 계기였다. 어쩌면 나도 뭔가 새로운 일을 할 수 있지 않을까 하는 희망이 샘솟았다. 많은 사람들에게 잔잔한 웃음을 주기도 하고, 따뜻한 위로를 건네기도 하고, 다정한 마음을 줄 수 있는 사람이 되고 싶다고 생각했다. 그리고 지금도 부지런히 살아가는 중이다. 나의 영상을 즐겁게 봐주시는 많은 분께 앞으로 더 큰 행복을 드리고 싶다는 마음으로.

유튜버로서의 첫 발자국

　내 이야기를 주변 사람에게 거의 말하지 않는다. 어차피 내가 결정해야 하는 것들을 여기저기 말해서 좋을 게 없다고 생각했고, 나서서 나의 이야기를 하는 게 부끄러웠다. 그런 내가 나의 생활을 보여주고 내 이야기를 하는 유튜브를 시작하자니 고민이 많이 됐다. 친한 친구에게도 잘 하지 않는 나만의 이야기를 다수에게 해도 괜찮을까 불안했다. 사람들이 나를 보고, 내 이야기를 듣고 '나라는 사람을 어떻게 볼까?' '나를 싫어하는 사람이 생기면 어떡하지?' 같은 막연한 부정적인 걱정이 자꾸만 피어났다.

걱정만 하던 어느 날 문득 이런 생각이 들었다. 사람들이 내 이야기를 알게 되는 것은 우선 많은 분이 유튜브 채널을 보게 되고 난 다음에서야 일어날 일이었다. 영상을 보고 나란 사람을 알아야 생겨날 걱정거리를 갖고서 낑낑대고 있었다. 유튜브가 생각만큼 잘 안되면 많은 분이 날 알게 될 일이 없으니까 내가 우려하는 일도 생기지 않을 것이라고 생각하니 금방 정리됐다. 굳이 미리 걱정할 거리가 아니었다. 해보고 싶은 일을 시작하려 할 때는 걱정이 들기 마련이지만, 걱정은 일을 더디게 할 뿐 진전을 가져다주진 않았다. 그래서 난 일단 해보기로 했다.

막상 하기로 결심하니까 또 다른 걱정이 생겼다. 난 너무 평범하다는 점이었다. 능력이나 외모, 나의 상황 등 모든 면에서 특출난 점이나 뛰어난 점도 없는 것 같았다. 그런 내가 영상으로 기록할 내용이 있을까? 무엇을 해야 할지가 큰 고민이었다. 처음 영상을 찍을 땐 사람들이 좋아할 것 같은 요즘 유행인 것들을 좇았다. 유행하는 것들을 먹어보고 해보는 거라 신선하고 새롭긴 했지만, 신나진 않았다. 영상을 더 자주 만들다 보면 좋은 콘텐츠가 나오지 않을까 싶어서, 영상을 매일 하루에 하나씩 올려보기도 했다. 긴 영상이든 짧은 영상이든 찍다 보면 뭐가 나오지 않을까 하는 마음이었다. 그러나 생각만큼 채널의 색을 찾을 수 있는 영상 콘텐츠가 나오진 않았다.

　이런저런 시행착오를 겪고, 유튜브를 하는 목적에 대해 떠올려 보았다. 꾸밈없이 편안하게 내 이야기를 하고 싶었고, 소소하더라도 진짜 즐겁고 행복한 순간들을 기억하고 싶어서 하게 된 것이었다. 그런데 왜 다른 걸 하고 있는 걸까 싶었다. 정말로 좋아하는 것들을 카메라에 담기 시작했다. 내가 좋아했던 여행, 해보고 싶었던 새로운 도전들, 거창하진 않더라도 나에게 진짜 웃음을 주는 것들을 영상으로 담았다. 유튜브를 위한 영상 만들기가 아니라, 작은 행복들을 영상으로 담는 즐거움이 되어있었다. 거창한 무언가는 없어도 이런 즐거움도 있고, 소소한 기쁨들도 있음을 보여줄 수 있었다. 그러자 신기하게도 차츰차츰 유튜브 구독자분들이 늘어났다. 이렇게 많은 구독자분들이 나를 좋아해 주실 줄은 몰랐다.

나에게 유튜브는 내 이야기를 편하게 할 수 있고, 특별한 무언가를 보이지 않아도 되는 솔직한 공간이 아닐까 싶다. 멋져 보이는 고급 식당에 가지 않아도, 근사한 호텔에 가지 않아도 얼마든지 행복할 수 있다. 남이 봤을 때 좋아 보이는 것이 아니라 내가 진짜 좋아하는 걸 가득 담아내는 곳이다. 앞으로도 도전해 보고 싶은 일들도 많고, 가보고 싶은 곳도 많다. 좋아하는 일을 할 수 있다는 사실에 늘 감사해하며 더 성장하고 싶다. 즐거움은 나눌수록 커질 테니까.

목표를 만들어 나가는 게 목표일지 몰라

종종 강연하러 갈 때마다 목표가 무엇인지, 혹은 꿈이 무엇인지 물어보는 질문들을 많이 받는다. 정말 솔직하게 말하면, 나는 내 미래의 목표에 대해서 구체적인 큰 그림을 그려보지는 않았었다. 오늘을 잘 살고, 지금 해야 할 일에 최선을 다하는 것에 집중했다. '몇 년 후에도 여전히 행복해야지'라는 생각은 해봤지만 '몇 년 후에는 적어도 이만큼은 이뤄내야지'라며 생각하지는 않았다. 그래서 그런 질문을 받을 때면 아직은 없다고 대답했다. 그러다가 문득 꿈이 없다고 말하는 건 내 삶에 대해서 너무 무책임한 자세를 취하는 건 아닐까 걱정됐다.

사실, 내 미래에 대한 목표랑 꿈을 세우는 게 터무니없다고 느꼈다. 내 꿈은 막연히 커다랗기만 한데 그 꿈을 정하고 이뤄내지 못하면 실망감이 클 것이라는 두려움이 있었다. 그래서 거창한 꿈을 정해두기보다는 하루하루 내가 할 수 있는 최선을 다하고 있다.

　꽤 많은 시간 동안 고민하면서 내 목표를 정했다. '멋있는 사람' 이게 나의 목표다. 나에게 멋지다는 건 내 일을 끝까지 완벽히 해낸다는 뜻이다. 누군가가 나에게 어떤 일을 맡겨도 내가 자신 있게 해낼 수 있다고 말할 수 있는 사람이 되고 싶다. 마무리 지은 일에 대해서는 잘했다며 멋지다는 말을 들을 수 있는 사람이 되는 게 내 목표가 되었다. 사실 이 목표를 향해 가려면 어떤 방향으로 가야 할지, 무슨 일을 어떤 순서로 해야 할지는 아직 정해놓지는 않았다. 다만 나에게 주어진 일들을 최선을 다해서 하나씩 해나가고, 후회 없는 날들로 채워내려고 한다. 모든 경험이 쌓여서 더 내실 있는 나를 만들어 낼 것이라 믿는다.

목표가 무엇일까 생각할수록 꼭 목표를 구체적인 수치나 결과치를 나타내는 것으로 정해놓지 않아도 된다는 걸 깨달았다. 목표는 앞으로도 생겨날 것이다. 더 많은 걸 경험하고, 도전해 봤으면 좋겠다. 구체적으로 무엇을 해야겠다거나 또는 내가 어떻게 해야 할지에 대한 계획이나 뚜렷한 목표를 세우진 않았지만, 지금도 나의 목표를 향해 나아가고 있는 방향이라고 생각한다. 하나의 전문가가 되는 것도 좋지만 나는 다양한 분야에 넓게 도전하고, 나의 한계를 넘어서고 싶다. 내가 생각했던 '나'라는 사람보다 나는 더 멋있는 사람일 수 있다. 모두 그 한계를 스스로 한정 짓지 않았으면 좋겠다. 우린 다 멋진 사람이다.

목표를 만들어 나가는 게
목표일지 모른다.
오늘을 살아가고
지금을 느끼고
내일을 기대하다 보면
우리는 기어코 목표를 찾아낼 테니까.

꿈 앞에서 잔뜩 움츠러든 나에게

꿈이라는 단어 앞에서
종종 헤매고 넘어졌다.
잘하는 것을 찾지 못해서
좋아하는 것을 알지 못해서
자주 뒤돌아봤다.

내 꿈은 무엇일까.
직업을 나타내는 단어에
내 모든 꿈이 담아지는 걸까.
남에게 멋있어 보여야 할까.
떠오르는 수많은 질문 앞에서
나는 쉽게 답하지 못했다.

꿈 앞에서 잔뜩 움츠러든 나에게
어느 날 문득
꿈이 나에게 말을 걸었다.
무엇이든 해보고 싶고
무엇이든 해낼 수 있다는
그 마음이 꿈이라고.

나조차도 알 수 없는
나의 미래에 대해서
단정하지 않기로 했다.
정답을 찾으려 하지 않는 대신
내가 하고 싶은 일을 찾아가고
그 일을 꾸준히 해나가는 것
그러다 보면 도착해 있는 게
어쩌면 나의 꿈이 아닐까.

기회는 멈춰있지 않은 순간에 찾아와

　유튜브를 시작한 지 일 년쯤 되었을 때 교환학생을 가고 싶다는 목표로 영어학원을 다녔다. 학원 가는 길에 강남역 지하상가를 지나 지상으로 나오면 정말 많은 광고판이 있다. 커다란 광고판을 보면서 나도 한 번만 저기 있으면 좋겠다는 마음이 피어났다. 유튜브를 시작하기 전에는 이런 생각을 해본 적이 없었다. 모델이나 연예인은 그저 다른 세상 사람 같았고, 나랑은 전혀 무관한 분야라고 생각했다. 그런 내가 바닥에 떨어져 있는 전단지 속 모델을 보면서 부럽다는 감정을 느꼈고, 해보고 싶다는 목표가 생겼다. 어딘가에서 광고모델이 된 내 모습을 꿈꾸기 시작했다. 바라만 보고 부러워만 하기엔 시간이 자꾸만 흘러갔다. 되든 안 되든 일단 해봐야 할 것 같았다.

당연한 이야기지만, 모델을 하고 싶다고 해서 할 수 있는 게 아니었다. 어딘가에서 나를 불러줘야 할 수 있는 일이라 막막했다. 어디서부터 시작해야 하는 건지 어떻게 준비해야 하는지 알려주는 사람도 물어볼 수 있는 사람도 없었다. 주변에 이런 일을 하는 사람이 없어서 더 외로운 싸움이었다. 아무런 정보도 경험도 없는 상태이기 때문에 0에서부터 새로 시작해야 했다. 다른 분야를 도전하는 건 그 분야에 대해 처음부터 새롭게 배우는 일이다. 내가 전에 무엇을 얼마나 해왔던지와 상관없이 새로 시작해야 한다. 두렵기도 하지만 꽤 재밌는 도전이 될 것 같았다.

내가 지금까지 해왔던 경험 중에서 모델 일과 유사한 일을 했었던 경력들을 적어놓고, 나를 어필할 수 있는 프로필을 만들었다. 근사한 프로필용 사진은 없었지만, 촬영 다니며 찍었던 사진 중에서 마음에 드는 사진을 추가했다. 프로필을 들고 광고 에이전시를 돌아다니며 프로필을 남기고, 가서 오디션처럼 영상 프로필도 찍었다. 무작정 돌아다닌 거라 예약을 해야 프로필을 남길 수 있는지도 몰랐다. 그래도 일단 온 김에 가봐야겠다는 마음으로 방문했더니 받아준 곳도 있었고, 몇 군데는 미리 예약하지 않아서 헛걸음을 하기도 했다. 그래도 포기하지 않고 전화로 부탁드려서 여러 에이전시에 프로필을 남겼다. 여름날 버스를 타고 돌아다니다 보니 지치고 땀도 많이 났지만, 오히려 마음만은 활기가 돌았다. 새로운 일을 시작한다는 두근거림이었다. 아직 아무것도 이뤄진 것은 없었지만 '시작'이라는 것을 했고, 스스로 찾아보고 움직였다는 게 스스로 대견했다.

프로필을 여기저기 돌리고 온 후 시간이 꽤 흘렀다. 몇 통의 전화가 왔고, 광고모델을 할 의사가 있는지에 대해서 물어보기도 했다. 그런데 최종적으로는 아무런 성과가 없었다. 연락은 왔지만 그 후로 이어지지 않았다. 여기서 뭘 더 어떻게 해야 할지 답이 안 보였다. '이 길은 나의 길이 아닌가'라는 생각도 들었다. 하염없이 기다리는 게 힘들었다.

좌절했지만, 달라질 게 없었기에 계속해서 내가 할 수 있는 일에 최선을 다했다. 편집몬과 같이 유튜브 영상을 제작했고, 나의 내면을 더욱 단단하게 만들었다. 그렇게 지내고 있던 어느 날 우연히 기회가 찾아왔다. CJ 올리브영에서 연락이 온 것이다. 처음 연락이 왔을 때 꿈꾸고 있는 것 같았다. 정말 나한테 연락이 온 게 맞는지, 다른 사람을 나로 착각한 건 아닌지 이게 사실인지 꿈인지 믿기지 않았다. 연락은 왔지만 아직 확정된 건 아니었기에, 다시 연락이 오기 전까지 매일 하루에 한 번씩 꼭 됐으면 좋겠다고 입 밖으로 말했다. 자기 전이면 제발 꼭 되게 해달라고 남몰래 바라고 잠들기도 했다. 간절히 바라면 이루어진다는 말 말고는 기댈 곳이 없었다.

기다리던 연락이 왔다. 내가 브링그린이라는 브랜드의 모델이라니 벅차오르고, 신기하고, 내게 이런 기회가 왔음에 너무 감사했다. 외출하는 날이면, 눈앞에 올리브영 매장이 있을 때 꼭 한 번씩 들어가서 내가 나오는 광고를 일부러 보고 오곤 했을 정도로 너무 행복한 경험이었다.

아마 살면서 앞으로도 무언가를 해보고 싶다는 꿈을 가질 테고, 그걸 향해 도전해 볼 것이다. 모든 걸 다 성공할 수는 없을지 모른다. 실패가 무서워서, 혹은 실패 후에 찾아올 좌절감이 무서워서 멈춰있지는 않을 것이다. 기회는 멈춰있지 않은 순간에 찾아올 테니까.

완벽하지 않아서 특별한 우리

 나는 욕심도 많고 부러움도 많다. 학창 시절 나의 책상에는 '김가영이니까 할 수 있다'는 메모를 적어뒀다. 스스로 성적에 대한 목표를 만들고 경쟁하기 좋아했고, 잘하고 싶은 마음이 컸다. 무엇이든 잘하고 싶었고, 내가 생각했던 것만큼 성적이 나오지 않으면 스트레스도 많이 받았다. 남과 비교하는 게 무엇보다도 나를 갉아먹는다는 걸 알면서도 이런 생각을 고치기란 쉽지 않았다.

 어른이 되면 이런 나의 마음이 조금은 부드러워질 수 있다고 생각했는데 크게 다르지 않은 것 같다. 유튜브를 시작하고도 마찬가지이다. 나의 유튜브 채널이 아니라 다른 채널에 출연했는데, 영상이 생각만큼 사람들의 관심을 끌지 못하거나 재밌게 나오지 않을 때가 있다. 나라는 사람을 좋게 봐주신 덕분에 섭외가 됐고, 내가 맡은 프로그램에 나오시는 분들을 공부하고, 또 예상되는 질문들에 어떤 답변을 하면 좋을지 생각해 가기도 하고, 기획안이나 촬영 흐름을 꼼꼼히 읽어보고 가는 등 내 나름대로 최선을 다했는데 그 결과가 기대와 다를 때도 많다. 그러면 나의 역량은 여기까지인 건가 싶어서 속상해진다. 내가 어떻게 해야 하는 것인지 정답 없는 고민에 빠지곤 한다. 고민할수록 다른 사람과 비교하게 된다. 저 사람은 저렇게 재치도 있고 잘하는데 나는 어떻게 해야 잘할 수 있는 걸까. 나에게 문제가 무엇이고 어떤 점을 보완해야 할지 계속해서 생각한다.

잘하고 싶은데 마음처럼 잘 안될 때, 가능성에 대한 불안감이 점점 나를 잡아먹는다. 완전히 내 머릿속을 다 엉망으로 만들어놓기 전에 다행히도 훌훌 털어내곤 한다. 아마 그렇지 않고 계속 비교하고, 부러워하고, 자책만 했다면 내 머릿속과 마음속은 다 타버렸을지도 모른다. 부족한 모습도 다 '나'다. 어떤 모습의 나라도 스스로 아껴주지 않으면 안 된다는 생각으로 마음을 다잡는다. 뜻대로 되지 않는 건 어쩌면 당연한 일일지 모른다. 사람이기에 완벽할 수 없고, 완벽하지 않기에 특별한 존재가 바로 우리들 아닐까.

  타인과 비교하고 나를 자책한다고 해서 현실에서 바뀌는 건 없다. 정작 바꿔야 하는 건 내 마음가짐이다. 부러운 감정이나 조급한 마음을 오히려 양분으로 삼으면 된다. 부족한 점을 찾고, 내가 보완할 방법을 찾다 보면 다음엔 조금 더 성장해있을 것이다. 포기하지 않고, 계속해서 앞으로 나아가는 사람이 될 우리이다. 자신을 찾아가는 과정에서 조금 느릴 수도 있고, 주춤할지도 모르지만, 우린 결국 해낼 수 있다.

모든 것이 과정임을 알고 있다

사람들에게 밝아 보인다는 말을 듣지만, 사실 나도 고민과 걱정이 가득할 때가 많다. 이왕이면 긍정적으로 받아들이려고 노력하며 지낼 때는 '나는 스트레스가 없나?' 싶다가도, 한 번씩 스트레스 때문에 머리가 지끈거릴 때가 있다. 해내야 할 일은 많은데 몸은 움직이기 싫고, 머릿속에는 아무것도 안 하고 싶다는 생각으로 가득해진다. 그렇게 스트레스를 받을 때면 누군가에게 하소연하기보다는 나 혼자서 해결하려고 노력한다.

스트레스가 정점에 다다르면 점점 무기력해지며 머리가

깨질 듯이 아프고, 앞으로 일어날 일들과 해야 할 일들을 내가 과연 해낼 수 있을까 하는 걱정과 막연한 답답함이 불어난다. 위로가 해결책이 되어주진 않지만 '넌 잘해 내고 있다'는 따스한 말로 누군가에게 위로받고 싶어지기도 한다. 해야 할 일이 있다는 것은 감사한 일이라는 걸 잘 알고 너무 하고 싶었던 일들이지만, 막상 시작하게 되면 예상치 못한 일들 때문에 마음이 지치기도 한다. 여러 가지 일로 스트레스가 심해졌을 때, 스트레스를 즐겨보려고 노력했지만, 걱정이 앞서서 마냥 즐기지 못했다. 하기 싫다는 말만 반복하고, 주저앉아 있자니 또 시간이 아까워서 스트레스에서 벗어나려고 애를 썼다.

제일 먼저 신나는 노래를 틀었다. 빠른 템포의 경쾌한 노래를 듣고 있으니 기분이 조금 나아졌다. '신나지만 시끄럽지 않은' '신나는' '내적 댄스 유발' 키워드의 노래들을 틀어둔다. 조용한 노래보다는 신나는 노래가 좋다. 밝은 노래를 듣고 있으면 나도 모르게 웃으면서 노래를 즐기고 있는 내 모습이 또 나를 웃게 만든다. 스트레스는 마음으로 느껴지고 노래는 몸으로 느낀다. 마음을 감싸고 있는 내 몸이 조금이라도 신날 수 있다면 저절로 마음이 나아지지 않을까 싶어서 선택한 곡들을 틀어뒀다. 한결 기분이 나아진 것 같았지만, 스트레스가 해소된 기분은 아니었다.

뭘 하려고 하지 말고, 잠깐 아무것도 안 하고 아무 생각도 안 하고 누워있기로 했다. 바쁜 일정, 촘촘한 계획, 내 마음의 소음 같은 일들에 둘러싸인 탓에 여유가 없는 상태였다. 마음에 숨 쉴 구멍을 내어주고 싶었다. 창문을 열자 조용한 집의 창문 밖으로 들리는 바람 소리가 마치 날 위로해 주는 것 같았다. 고요한 집, 아늑한 이불, 잔잔한 바람 소리. 점점 내 마음도 고요해지고 있었다. 생각으로 가득 찬 머리를 잠시라도 비워주는 것은 마음을 훨씬 편안하게 만들어줬다.

스트레스 때문에 예민해진 기분이 잔잔해졌을 때 마음을 정리하기 위해 일기를 썼다. 갑자기 찾아오는 적적함이나 어디선가 찾아온 우울함이 나를 더 괴롭게 만드는데, 일기는 내가 품고 있는 솔직한 감정을 꺼내줬다. 일기를 한 자 한 자 써 내려가다 보니 내 감정의 원인이 보였고, 걱정거리를 더 크게 부풀리는 걸 막을 수 있었다. 왜 내가 이런 기분을 느끼고 있는지, 왜 아무것도 하고 싶지 않은지 그 답을 찾게 된 것이다. 비로소 스트레스가 내 안에서 차지하는 자리가 작아지는 걸 느꼈다. 구름처럼 뭉게뭉게 커졌던 스트레스가 소나기처럼 한바탕 나에게 복합적인 감정을 쏟아내고 나서 잠잠해진 것이다.

스트레스를 많이 받았던 날 써 내려간 나의 마음 한 편에는 이렇게 적어져 있다.
"괜히 마음이 복잡해져서 걱정과 후회가 앞섰다. 내가 하고 싶었던 일들이고, 내게 온 기회다. 잘 해내서 더 크게 활짝 도약하자."
모든 것이 과정임을 알고 있다. 스트레스를 받는 것도, 스트레스 때문에 평소와는 다른 감정에 몸살을 앓는 것도 성장하는 과정이다.

'오늘 나의 걱정을 잊지 말고 열심히 노력해서 더 멋있는 사람이 되자.'

유난히 쓸쓸했고, 스트레스 때문에 잔뜩 움츠러들었던 그날의 일기에 적힌 마지막 문장이다. 앞으로도 자주 떠올려 보려고 한다. 스트레스도 지나가는 소나기일 뿐이다. 그것을 겪어내는 과정에서 걱정하고 고민하면서 분명 한 뼘 더 성숙해졌을 것이다. 세찬 비바람을 동반하는 소나기에도 꿋꿋하게 그 자리를 지켜내는 뿌리 깊은 큰 나무가 되고 싶다.

모든 것이 과정임을 알고 있다. 스트레스를 받는 것도,
스트레스 때문에 평소와는 다른 감정에 몸살을 앓는 것도
성장하는 과정이다.

"잘 해내서 더 크게 활짝 도약하자."

나를 인정해 주는 것에서부터

자신감은 시작할 때 가지는 마음가짐이고, 자존감은 평소에 나를 돌아볼 때 찾는 마음이다. 비슷한 듯 다른 두 마음 사이에 무게중심을 잡으려고 노력한다. 가끔은 자신감이 가득 차올라서 호기롭게 시작했다가 예상치 못한 실패에 자존감이 금방 비워지기도 하고, 실패할 것 같은 불안감에 자신감은 부족했지만, 지금까지의 나를 믿는 자존감 덕분에 자신감이 덩달아 채워지기도 한다.

나는 내가 싫거나 밉지 않다. 나로 태어났는데, 나를 미워하면 스스로 마음만 더 아파지는데 미워할 이유가 있을까. 모자라면 모자란 대로, 넘치면 넘친 그대로 내 모습을 안아줄 수 있는 사람은 오직 자신뿐이다. 자존감을 말할 때 높다 낮다 이렇게 높낮이로 이야기하곤 한다. 자존감의 높이를 한결같이 유지하는 건 너무 어려운 일인 것 같다. 그저 나에게 미운 점이 있다 하더라도, 미운 점까지도 이해하며 살아가려 한다. 낮아지기도 하고 높아지기도 하는 변화 자체를 의연하게 받아들여야 비로소 내가 나를 잘 이해할 줄 아는 사람이 될 수 있다.

나를 지지해 주는 자신감과 단단히 나로서 버티게 해주는 자존감을 채우려면 자신을 아껴주고 사랑해야 한다. 오글거리고 부끄러운 일이 전혀 아니다. 스스로 미운 점이 있다면 그걸 그대로 인정해 주거나 아니면 바꿔나갈 노력을 해나가면 된다. 미움이라는 건 내가 남과 나를 비교하다가 원하는 바가 채워지지 않을 때 생겨난다. 이왕이면 있는 그대로의 자신을 응원해 줬으면 좋겠다. 남에게 피해를 주지 않는 선이라면 나를 엄청나게 바꿀 필요는 없다. 타인을 대하는 것처럼 나를 소중하게 생각하고 잘 들여다보면 분명 사랑스러운 부분이 있다.

예전의 나는 사람들 앞에서 말하거나 발표할 때 긴장하는 내 모습이 마음에 들지 않았다. 아이러니하게도 사람들 앞에 서는 것은 긴장되지 않지만 발표하려고 하면 긴장했다. 그런 내 모습을 바꿔보고 싶어서 일부러 사람들 앞에 서서 발표하는 자리에 많이 나갔다. 능숙하고 유창하게 말을 잘하고 싶은데 뜻대로 되지 않았다. 많이 노력했지만 아직도 발표하거나 사람들 앞에 서서 말하는 상황에서는 긴장되고 얼굴이 붉어진다. 그래도 예전처럼 사람들이 많은 자리가 무섭지 않다. 사람들은 앞에서 발표하는 나를 비난하기 위해 있는 게 아니라는 걸 알게 되었다. 실수해도 괜찮았다. 오히려 내 실수에 민감하고 엄격했던 것은 나 자신이었다. 사람들 앞에서 얼굴이 붉어지는 나, 가끔 어떤 말을 해야 할지 잊어버리는 나에도 괜찮았다. 그건 싫어할 모습이 아니라 차츰 나아지도록 노력할 점이었다.

내 자신감과 자존감의 근원은 나를 인정해 주는 것에서부터 시작된 것일지 모른다. 매일 아침이면 작은 수첩에 할 일을 작성한다. 그리고 밤이 되면 할 일 목록에 적은 것 중에서 못 이룬 걸 자책하기보다는 해낸 일을 더 대단하게 생각한다. '오늘 이만큼이나 했네' 생각하면서 기특하다고 스스로 칭찬해 준다. 칭찬은 이대로 안주해 있게 만드는 게 아니라 더 나아지도록 만들어 준다고 생각한다. 자신의 하루를 잘 돌아보면 분명히 칭찬해 줄 일이 있을 것이다.

자신감이 부족할 때도 있고, 자존감이 떨어질 때도 있을 것이다. 그런 자신을 보고서 '나는 왜 이런 사람이지'라며 생각하는 대신에 '조금 부족하지만 어때. 다시 만들어 낼 텐데'라고 생각하면 좋겠다. 더 나아지기 위해 노력하는 모습 자체로도 사랑스러운 당신이니까.

"내 자신감과 자존감의 근원은
나를 인정해 주는 것에서부터 시작된 것일지 모른다."

한 번뿐인 소중한 인생이야

　과거의 나를 미워하는 일만큼 슬픈 건 없는 것 같다. 지금의 잣대로 판단해서 그때의 내가 조금 어리석게 보일지라도, 그 순간의 나에게는 최선의 결정이었음을 잊고 싶지 않다. '오늘의 나'에게만 집중하려 노력한다. 굳이 그때의 나에게 괜한 타박과 꾸지람을 주지 않는다. 타인의 성과에 나를 비교하지 않아야 하는 것처럼 과거의 나의 흔적을 지금의 나의 기준으로 비교하는 것도 하지 않고 싶다.

　나를 미워하고 싶지 않다. 어설픈 결정을 했던 나라고 해도, 그 결정으로 인해 경험했던 울퉁불퉁한 일들 덕분에 분명 나는 성장했을 것이다. 모든 순간이 완벽할 수는 없다. 늘 똑똑한 결정만 할 수도 없고, 언제나 가장 현명한 해답을 찾아내지도 못한다. 빈틈도 많고 조금은 연약한 나를 실컷 아껴주고 싶다. '조금 실수하면 어때.' 이런 생각으로 나를 믿어준다.

한 번뿐인 소중한 인생이다. 그렇기에 모든 걸 다 잘 해내려는 마음 대신에 모든 걸 용감하게 해보려는 마음을 가졌으면 좋겠다.

지금 포기한다면 앞으로도 기회는 오지 않는다

🍃

첫 웹드라마 촬영 날이 지금까지 생생하다. 너무 꿈꿔왔고 준비해 왔던 순간인데도 불구하고 오늘 하루를 무사히 끝마칠 수 있을지 자신이 없었다. 연기자로서의 첫 번째 하루를 잘 해낼 수 있을지 떨렸다. 어릴 적부터 연기자의 꿈을 가진 것은 아니었다. 유튜브를 하게 되면서 세상에는 도전해 볼 게 너무 많고, 나는 아직 조그마한 존재라는 걸 느꼈다. 다양한 경험을 하면서 나도 무엇이든 할 수 있다는 자신감이 생겼다. 도전이 재밌어지게 되었을 때 마음속에 품게 된 커다란 꿈이 '연기자'였다. 몇 년 전까지만 해도 TV에 나오는 배우를 보면 나와는 다른 세상의 사람 같았다. 살면서 해보고 싶다는 생각을 한 적도, 내게 기회가 올 것이란 상상을 해본 적도 없었다. 이랬던 나였기에 처음엔 내가 정말 하고 싶은 게 맞나? 단순한 부러움 섞인 호기심일까? 고민했다. 고민이 깊어질수록 드라마를 볼 때 '내가 저 화면 안에 있다면 어떨까?' 같은 상상을 조금씩 하게 되었다. 상상만으로도 가슴이 두근거렸다. 지금 도전하지 않으면 나중에 지금 이 순간을 후회할 것 같았다. 무작정 연기 학원에 등록했다.

너무 막연했다. 주변에 연기자로 활동하고 있는 사람도 없었고, 어떻게 해야 내가 원하는 길로 갈 수 있는지 답을 줄 수 있는 사람도 없었다. 갑자기 생긴 꿈이라 뭘 어디서부터 어떻게 시작할지 막막했다. 정말 마음 가득히 하고 싶은데, 뭘 어떻게 준비할지도 모르는 빈 냄비인 상태였다. 처음 시작한다는 마음으로 하나씩 채워나가기로 했다. 나의 장기적인 프로젝트라고 생각하고, 평생 살면서 한 번은 꼭 해보자는 마음을 먹었다. 서두르지 않으려고 애썼다. 아직은 부족했지만, 학원에서 열린 자체 오디션도 여러 번 봤다. 엄청 작은 배역이라도 맡을 수 있지 않을까 희망을 걸어봤다. 대사 없이 지나가는 사람으로라도 출연하고 싶은 마음이었다. 혹시나 하는 기대감은 있었지만 역시나 많이 부족했던 것 같다. 기회는 오지 않았다. 한두 번도 아니고 계속해서 실패하자 포기해야 하는 것인지 조급함도 생겼다. 포기하기에는 아직 내 노력의 전부를 쏟아내지 않았다는 생각으로 다시금 마음을 잡았다. 마음이 힘들다고 말하며 포기하기 위한 변명거리를 찾았던 나를 다시 일으켜 세웠다. 아직 한 번의 기회도 오지 않았는데 여기서 포기하고 '나는 안 된다'는 한계를 단정 짓고 싶지 않았다. 한 번은 꼭 그 자리에 서 있고 싶었다. 그래서 포기하지 않았다.

학원도 꾸준히 다니고, 집에서 연습하고 공부했다. 원래는 영화나 드라마를 볼 때 시간 가는 줄 모르고 웃고 울면서 즐겼다. 연기를 해보고 싶다는 관심이 생긴 후부터는 어떻게 표현하는지 감정과 연기자분을 유심히 보게 되었다. 차츰 연기가 어렵고 어색하기보다는 흥미가 생겼다. 어떻게 하면 멈춰있는 연기 실력이 나아질 수 있을지 많이 찾아보고 연구했다.

직접 배우 프로필도 만들었다. 기회를 얻고 싶어서 여러 곳에 프로필을 돌리기로 했다. 신인배우가 되고 싶어서 만드는 프로필이지만 역설적으로 경력을 적어야 했다. 내가 어떤 사람이고, 어떤 일을 했는지 적었다. 지금까지 했던 경험을 모두 뒤져봐도 연기자로서의 경험은 아무것도 없었다. 프로필을 이렇게 써서 내도 되나 싶을 정도로 적을 내용이 많지 않아서 주저됐다. 경력은 없어도, 연기를 하고 싶은 내 진심이 담길 수 있도록 적어냈다. '해봐야 아는 일이지'라는 생각으로 도전했다. 직접 만든 프로필을 들고서 되고 싶다는 간절함 하나로 프로필을 제출하러 다녔다.

기다렸지만 역시나 많이 부족했던 탓인지 연락은 오지 않았다. 그래도 포기하지 않았다. 하고자 하는 목표가 생겼기 때문에 쉽게 그만두고 싶지 않았다. 연기학원을 계속 다니고, 혼자서 오디션 연습도 하고, 연기연습도 했다. 작은 배역이라도 나에게 기회가 주어지길 바라는 마음으로 꾸준히 노력했다. 당장 결과가 없더라도 실망하지 않고 내 할 일을 해 나가고 있었다. 어느 날 단편영화 감독님으로부터 연락이 왔다. 웹드라마의 주인공 역할로 캐스팅하고 싶다는 출연 제의였다. 드디어 나에게도 기회가 온 것이다.

이번에 새롭게 웹드라마를 제작하려고 극본을 작성했는데 주인공의 성격이 나와 잘 맞는 것 같아서 연락을 주셨다고 했다. 평소 나의 채널을 봐오면서 내 성격을 주인공에 많이 투영시키기도 했고, 주인공으로 염두에 뒀었다고 하셨다. 내가 연기에 관심이 있는지 없는지를 몰라서 연락이 닿을지 걱정하셨다고 했는데 마침 내가 연기자로의 꿈을 키워나가고 공부도 해왔던 터라 자신감 있게 해보고 싶다는 의사를 비칠 수 있었다. 연기학원을 다닌 게 나의 발전에 도움이 된 건가 고민이 많았는데 내가 노력해 온 시간이 있기에 주저하지 않고 기회를 잡을 수 있었던 것 같다.

　계속해서 노력했는데도 실패가 반복되고, 이쯤이면 포기해야 하나 고민하는 시기가 온다. 그건 아직 때를 만나지 못해서다. 지금 포기한다면 앞으로도 기회는 오지 않는다. 자신의 가능성에 대한 물음을 접어두고 이뤄내고 싶은 목표를 향해 꾸준히 노력하다 보면, 가능성에 대한 확신을 얻게 될 것이다. 계속해서 문을 두드리는 사람에게 기회가 찾아올 것이다. 간절했던 나에게 첫 웹드라마 촬영의 기회가 온 것처럼.

예쁜 감정들은 나눌수록 커지는 법이니까

나는 멋진 사람이 되고 싶지만, 아직 멋있는 사람은 아닌 것 같다. 이런 나를 예쁜 시선을 담아 봐주시는 분들 덕분에 늘 감사한 마음으로 지내고 있다.

'내가 뭐라고 날 좋아해 주실까.'

내가 가진 능력보다 더 커다란 사랑을 받는 것 같아서 일상을 지내다 보면 문득 떠오른다. 많은 분께서 나를 밝고 긍정적인 사람으로 봐주신다. 내가 밝은 마음을 계속 유지할 수 있는 건 언제나 나를 응원해 주시는 분들 덕분이다.

예전에는 내 삶을 열심히 살아내는 게 가장 큰 목표였다면, 요즘은 조금 달라졌다. 괜찮은 사람이 되고 싶어졌다. 길 가다가 나를 알아보고 활짝 웃으며 인사를 건네주시는 분들께 너무 감사하다. 그렇게 다가와 준 게 얼마나 큰 용기인지 알기에 더욱 그 마음이 소중하다. 나를 아껴주고 응원해 주시는 만큼 내가 더 괜찮은 사람이 되어야겠다. 감사할 일에 마땅히 감사할 줄 알고, 내가 받은 따뜻한 마음들을 나도 다른 분들에게 돌려주며 살아가려 한다. 예쁜 감정들은 서로 나눌수록 커지는 법이니까.

작은 온기를 전해요

처음에 구독자 0명으로 시작했던 '가요이 키우기' 유튜브 채널의 구독자가 백 명이 되고, 천 명이 되고, 만 명이 되고, 십만 명이 되고, 오십만 명이 훌쩍 넘어 오늘이 되었다. 유튜브를 하면서 생각지도 못했던 큰 사랑을 받게 된 만큼 이런 따뜻함을 나누고 싶었다. 나와 편집몬은 무엇을 해야 할지 고민했다. 그러다 거창하진 않아도 우리가 할 수 있는 선에서 조금씩이라도 실천하는 '기부 미 모어' 콘텐츠를 시작하게 되었다.

겨울에 곰팡이로 고생하시는 분께 복지관을 통해 습기 제거제 500개를 기부한 게 기부 활동의 시작이었다. 거창한 기부는 아니었지만, 유튜브 채널을 운영하면서 열심히 마련한 돈으로 직접 마트에 가서 습기 제거제를 사고 장애인복지관까지 전달했다는 뿌듯함이 있었다. 내가 홀로 지내던 자취방도 제습이 안 되는 탓에 습기가 엄청 많아서 외투에서 곰팡이가 자라곤 했다. 겨울이 너무 힘든 걸 잘 알았기에, 이런 어려움에 작게나마 도움이 되고 싶었다. 첫 번째 시작을 이후로 브랜드와 협업 제안이 있을 때마다, 늘 먼저 기부와 연결될 수 있도록 제안한다. 물론 제품을 사용해보고 이야기하는 게 더 쉬울 수 있다. 하지만, 사랑받는 만큼 그 사랑을 나누고 싶다고 생각했다. 현대자동차와는 캐스퍼 차량으로 추운 날 고생하시는 국군장병분들에게 일일 무료 기사님이 되어드리기도 하고, 처인장애인복지관에 기부금을 전달했다. 또, SK텔레콤과는 초록우산 어린이재단에 기부금 전달, BBQ와는 직접 치킨을 튀겨서 보육원에 배달을 해드리는 등 여러 브랜드와 함께 해왔다. 처음 기획할 때는 어떻게 하면 기부도 하고 재밌게 영상도 만들 수 있을까 고민하느라 힘들 때도 있었지만, 유튜브 촬영과 기부금 전달까지 하고 나면 조금이라도 도움이 된 것 같아 정말 뿌듯하고 기쁜 마음이다.

유튜브를 시작하는 건 두려움 반 설렘 반의 마음이었다. 점점 시간이 지나면서 유튜브 콘텐츠를 만드는 과정 자체가 즐거움이었고, 행복이었다. 그리고 지금은 행복을 넘어선 커다란 감사함이다. 대단하진 않아도 세상에 작은 온기를 전하고 싶다. 언제나 따뜻함은 힘이 있다고 믿는다.

우리는 매일 성장하고 있어요

나의 대학교 생활은 학교에서 수업 듣고, 공부하고, 아르바이트하고, 집에 돌아오는 일상의 반복이었다. 4학년 1학기까지 한 번의 휴학도 없이 쭉 다녔다. 그러다 보니 어느덧 스물세 살이었다. 문득 내 미래에 대한 불안감이 몰려왔다. 앞으로 어떻게 살아야 하지? 졸업하면 뭐 하지? 같은 고민이 생겨났다. 아직 내가 뭘 좋아하는지, 어떤 것을 하고 싶은지도 모르겠는데, 학생 신분은 곧 끝이 날 상황이었다. 조급한 만큼 머리도 경직되어 있었다.

주변 친구들이나 내 또래의 사람들이 유난히 대단해 보이고, 나는 너무 초라하게 느껴졌었다. 내가 갖지 못한 자격증이나 경험들이 크게 보였다. 다들 멋진 삶을 살아온 것 같은데 그에 반해 나는 너무 평범하고 비슷한 날들만 보냈던 건 아닌지 후회가 됐다. 마음이 급해지면서 일상에 권태를 느끼게 됐다. 타인과 나를 비교하면서 점점 나를 작게 만들고 있었다.

우연히 자기소개서를 쓸 기회가 왔다. 내가 지나온 시간을 다시 볼 수 있게 된 것이다. 돌아보니 꽤 열심히 살아왔다는 게 새삼 느껴졌다. 교내 서포터즈, 학교 홍보대사, 대학 연합동아리, 기업 서포터즈, 공모전 같은 나의 경험들이 그제서야 보이기 시작했다. 내 삶을 차근히 떠올려보기 전에는 알지 못했던 나에 대한 기특함이 생겨났다. 내 꿈을 찾아가는 과정이었고, 도전하며 배워나가고 있던 것이었다. 나는 별거 아니라고 치부했던 경험들이 나도 모르는 사이에 나를 단단하게 만들어줬다는 걸 뒤늦게 깨달았다.

어제와 오늘, 그리고 매일 비슷한 하루를 보낸다고 생각하겠지만 그렇지 않다. 일과가 반복되는 일상을 지내며 '쳇바퀴 같다', '발전이 없는 것 같다' 이런 걱정이 들지도 모르겠다. 나도 그랬으니까. 하지만 떠올려 보면 나는 날마다 달라지고 성장하고 있다는 걸 알게 될 것이다. 매일 고민도 다르고, 태도도 다르고, 같은 하늘을 바라볼 때의 마음가짐도 다르다. 왜 이 일을 하고 있는지 잘 모르겠다는 고민이 드는 날이 지나고 나면, 그 고민의 해답을 어렴풋이 깨닫게 되는 다음 날을 만나게 된다. 지금 이 순간 하고 있는 생각과 행동들이 쌓여서 큰 산을 이뤄낸다. 매일 배우고 있고, 성장하고 있다는 걸 잊어서는 안 된다.

학교에 가기 싫고, 아르바이트에 가기 싫고, 출근하기 싫은 마음을 접어두고 일어났던 수많은 날들이 오늘의 나를 만들어 냈을 것이다. 별거 아닌 하루는 없다. 비슷한 하루, 지극히 무난해서 특별할 것 없는 날이 아니다. 무사히 하루를 잘 보낸 우리는 그냥 하루가 아니라 멋진 하루를 보낸 것이다. 하루라는 값진 한 페이지들이 모여 '나'라는 멋진 한 권의 책을 이룰 테니까. 그렇게 용감한 어른이 되어 꼭 행복해지길.

조급해하지 말아요 우리

나는 하늘 보는 걸 좋아해요. 하늘을 보고 있으면 세상은 참 드넓은데 나는 너무 작게 느껴지거든요. 거기서 느껴지는 나라는 존재가 참 소중한 거 같아요. 이 넓은 세상을 열심히 경험하고, 살아가고 있잖아요. 멈춰서서 바라보면 내가 왜 그렇게 달려왔는지도 보이고, 무엇을 위해 달려가고 있는지도 보이는 것 같아요. 가만히 보고 있으면 구름이랑 시간은 계속해서 흘러가는데 그 속에 나만 고요하게 멈춰있는 순간이 있거든요. 그 고요함 속에서 나를 돌아보곤 해요. 어떤 날은 해 질 녘 푸른 하늘과 솜사탕 같은 분홍 구름을 보며 오늘 행복했던 일들을 떠올리고, 어떤 날은 밤하늘에 떠 있는 별을 보며 내일을 꿈꾸곤 해요.

살다 보면 그럴 때 있잖아요. 다들 빠르게 달려가는데 나만 뒤처진 거 같고, 나만 느린 건가 답답할 때. 그럴 때 하늘을 보면 푸른 하늘이 날 감싸주고 있다는 생각이 들어요. 지금도 그때가 기억나요. 어느 날 혼자 독서실에서 공부하고 집으로 걸어가는 길에 하늘을 봤는데 별이 쏟아지듯 반짝이더라고요. 그때 문득 나도 빛날 수 있게 열심히 지내봐야겠다고 다짐했어요. 세상도 넓고, 경험할 것도 많은데 너무 조급해하지 않아도 되는 것 같아요. 외로워하지 말고, 조급해하지 말아요 우리.

| 제목: 나는 별처럼 빛날거야! | | | | | | 날씨 ☀ | |

	하	늘	을		보	고		있
으	면		기	분	이		좋	아
진	다	.		차	근	차	근	
열	심	히		살	아	야	지	!

별일 없이 지나가는 하루의 끝에서
가만히 눈을 감고 생각한다.
즐거웠던 일 하나
고마웠던 일 하나
신기했던 일 하나
뿌듯했던 일 하나
특별한 것 없다고 여긴 날에도
막상 찾아보면 특별한 행복들 투성이다.

오늘도 역시나 행복했어

2부

한 걸음 더 나아갈 수 있는 힘

　창원에서 학창 시절을 보낸 나에게 창원은 제2의 고향과도 같은 곳이다. 늘 그리운 마음과는 다르게 자주 가지는 못한다. 창원에 촬영이 있거나 근처에 일이 있을 때 부모님 댁을 들른다. 스무 살 이후 엄마 아빠와 떨어져 지내면서 가끔 내려가는 탓에 매번 내 생일 때마다 가족과 함께하지 못했다. 늘 그게 속상했었는데, 이번 생일은 운이 좋게도 창원에서 보낼 수 있게 되었다. 생일 전날 부산에서 촬영 일정이 생긴 덕분이었다. 엄마 아빠와 함께 생일을 보낸다는 것만으로도 마음이 행복한 설렘으로 채워졌다.

생일날 아침 알람 없이도 눈이 번쩍 떠졌다. 주방에서부터 퍼져오는 맛있는 요리 냄새가 내 코끝을 간지럽혔다. 방에서 나와 맛있는 냄새가 나는 곳을 따라가 보니, 주방에서 요리하느라 바쁜 엄마의 뒷모습이 보였다. 눈을 비비며 엄마에게 걸어가고 있었는데

"우리 딸, 일찍 일어났네!"

활짝 웃으며 반겨주는 엄마의 목소리에 기분이 좋아졌다.

"영쓰! 해피벌스데이~"

장난 가득한 목소리로 반겨주는 아빠의 인사 덕분에 아침부터 행복이 넘쳐났다.

엄마 아빠는 어젯밤 내가 잠든 후에 재료를 다듬어 두고, 아침 7시부터 일어나셔서 준비하셨다고 했다. 엄마는 나에게 미역국 간을 봐보라고 했고, 아빠는 잡채를 조물조물 무치시면서 간이 맞는지 먹어보라고 그랬다. 초롱초롱한 눈으로 맛 평가를 기다리고 있는 엄마에게 세상에서 제일 맛있다고 말했다. 어떤 음식과도 비교할 수 없을 만큼 맛있는 우리 엄마 아빠가 해준 음식들은 먹기만 해도

마음의 온기까지 채워지는 기분이다.

 근사한 생일상이 차려졌다. 엄마가 사랑으로 만들었을 음식들이 가득한 상을 보면서 괜스레 마음이 울컥했다. 미역국에 잡채, 갈비, 예쁘게 구워진 생선까지 온통 내가 좋아하는 것들로 가득했다. 오랜만에 내가 온다는 말에 엄마 아빠가 설레면서 기쁜 마음으로 준비하셨을 거라는 게 느껴졌다. 어떤 생선을 구워야 예쁘게 구워질까 고심해서 골랐다며 도톰한 생선 살을 발라 내 밥 위에 올려주셨다. 아빠 밥보다 훨씬 많이 퍼준 고봉밥이 내 밥이었는데, 한 그릇 다 먹었다. 엄마 아빠의 사랑이라 생각하니 배가 불러도 꼭꼭 씹어서 맛있게 먹었다.

 온 가족이 밥을 다 먹고 기분 좋은 포만감에 배를 두드리고 있는데 엄마가 급하게 부엌으로 뛰어갔다. 얼마 되지 않아 엄마의 목소리가 들렸다.
 "다들 빨리 여기로 와봐!"
 주방으로 모이라는 엄마의 목소리가 들렸다. 서둘러 주방으로 달려가자 엄마는 조금 신이 난 표정으로 생일 케이크를 꺼내고 있었다. 원래 저녁에 먹으려고 했던 케이크인데 왜 벌써 꺼내는지 궁금했다.

"몇 분 후면 딱 가영이 네가 태어난 시간이야. 우리 가영이 태어난 시간에 맞춰서 초 불어야지!"

엄마가 거실에서 무심코 시계를 봤을 때 내가 태어난 시간이 곧이라서 그렇게나 급하게 뛰어간 것이었다. 여전히 소녀처럼 신난 얼굴로 내 생일 케이크에 불을 붙이는 엄마는 너무 귀여웠다. 사랑스러운 엄마의 웃음을 보면서 촛불을 불었다. 세상에서 가장 축하한다고 외쳐주는 아빠 엄마 덕분에 나는 세상에서 가장 행복한 사람이 되었다.

우리 아빠는 계획 세우는 걸 그렇게 좋아하는 사람은 아니다. 상황에 맞게 움직이거나 유연하게 조절하며 지내셨던 분이다. 그런 아빠가 이른 아침부터 '영쓰 생일 알차게 보내기 리스트'를 만들어 놓으신 것이다. 엊그저께부터 나에게 하고 싶은 거 없냐고 계속 물어보시더니, 혼자서 이것저것 찾아보시고는 만든 리스트를 나에게 자랑스레 보여주셨다. 나에게 보여주고 싶은 예쁜 풍경이 가득한 놀러갈 곳, 먹고 싶다고 했던 음식이 엄청 맛있다는 식당, 내가 좋아하는 스타일의 카페가 적어진 종이에는 아빠의 사랑이 고스란히 담겨있었다.

　엄마 아빠와 멀리 떨어져서 자취하는 건 꽤 외로운 일이다. 문득 가족이 보고 싶어지는 날이 많다. 멀리 떨어져 있다는 게 괜히 심적으로 외롭게 느껴지는 날도 있다. 특히 생일 같은 날에는 더욱더 엄마 아빠 생각이 많이 났었다. 그랬던 날들과 다르게 부모님과 함께 보낼 수 있었던 이번 생일은 너무 행복한 하루였다. 언제나 나를 생각해 주시는 부모님이 계신다는 것은 든든한 내 편이 있다는 뜻이다. 엄마 아빠를 향한 사랑하는 마음, 애틋한 마음, 감사한 마음을 말로 다 표현할 수 없다. 셀 수 없을 만큼 커다란 사랑을 주는 부모님의 사랑 덕분에 나는 이만큼 성장할 수 있었다. 다시 한 걸음 더 나아갈 수 있는 힘을 부모님의 품에서 얻고 왔다. 때때로 그리울 것이고, 자주 애틋할 것이다. 그래도 나는 용감하고 씩씩하게 잘 지낼 것이다. 엄마 아빠의 사랑으로 가득 찬 시간을 마음에 가득 담고 왔기 때문이다.

웹드라마 촬영장의 온도

웹드라마 촬영장은 내가 평소에 해왔던 유튜브 촬영과는 전혀 다른 시스템이었다. 촬영장 스크린 뒤에는 많은 스태프 선생님들이 함께한다. 문제가 발생하거나 수정 사항이 생긴다면 각 분야의 선생님들과 소통을 통해 변경된다. 한 장면을 위해서 다양한 방향에서 여러 번 촬영하고, 그 안에 보이는 소품도 손수 만들어서 배치하고, 조명도 계속해서 수정하며 한 장면을 만든다. 촬영하는 기간이 추운 겨울이었는데 그곳에 있는 모두의 열정 덕분에 언제나 촬영장 분위기는 열기로 가득했다.

각자의 위치에서 자신이 가진 최선의 역량을 매 순간 발휘하는 모습은 참 멋있었다. 최고의 장면을 만들어야겠다는 하나의 목표를 가지고 모두의 집중력이 최대치로 뿜어져 나오는 모습을 볼 때면 그 무리에 나도 포함되어 있다는 사실이 괜히 대단하고 자랑스럽게 느껴졌다.

각자의 일에 최선을 다하는 모습이 얼마나 아름다운지 한 번 더 배울 수 있었다. 모든 사람은 자신이 좋아하는 일에 대해서 집중할 때 가장 반짝이는 것 같다. 추운 겨울날에 나는 무엇보다 반짝거리는 사람들을 보았다. 나도 그들과 함께 반짝거렸길, 그리고 앞으로도 반짝거리길 바라본다.

봄이 온 줄도 모르고

　쉬는 날이면 거의 집에 머물렀다. 청소하고, 혼자 소소하게 냉장고에 숨어있던 먹거리를 조합해서 먹는 것도 재밌었지만, 문득 누군가와 함께하고 싶었다. 사람을 만나면서 얻는 산뜻한 에너지가 필요했다. 이번 주에는 꼭 친구를 만나야겠다고 다짐했다. 오랜만에 보고 싶었던 친구한테 연락했다. 자주 연락하지 못해서 친구랑 멀어졌으면 어쩌지 걱정했는데, 다행히도 친구가 반겨줬다. 친구도 나도 서로 바쁠까 봐 연락을 차마 못 했다는 걸 알기에 얼른 약속을 잡았다.

　모처럼 친구를 만나서 설렜다. 약속 전날 내일 뭐 입고 나갈지 한참을 고민했다. 날이 따뜻하다길래 봄나들이 느낌으로 치마를 입어볼까? 맛있는 거 많이 먹을 텐데 좀 편한 바지를 입을까? 그래도 오랜만에 외출인데 잔뜩 꾸며볼까 싶다가도 또 너무 튀지 않을까? 망설이다가 다시 원점으로 내일 날씨가 몇 도 정도지? 옷 고민만 한 시간 정도 했다. 오래 고민해 놓고 결정한 옷은 결국 평소 입는 스타일에서 크게 못 벗어났다. 삼 년 전에 산 몇 번 안 입은 트렌치 재킷에 얇은 티, 널널한 통바지, 그리고 노란색 새 신발로 포인트를 줬다. 하나의 작은 포인트만으로 기분이 좀 들떴다. 마치 봄을 입은 듯한 기분이었다.

약속 당일, 집 밖에 나오니 따스한 바람이 얼굴을 쓰다듬는 듯했다. 한동안 집에만 있어서 잘 몰랐는데 또다시 봄이 찾아와 있었다. 버스정류장까지 걸어가는 길은 이미 멀리 여행 와있는 것 같았다. 절로 콧노래가 나오는 날씨였다. 나는 날씨에 기분을 별로 타지 않는 사람이라고 생각했는데 날이 좋으니까 기분이 더 좋았다. 산뜻한 날 밖에 나와서 걸을 수 있고, 따사로운 햇살과 기분 좋은 바람을 맞고 있어서 너무 행복했다.

친구를 만났는데 어디로 갈지 아직 정하지 못한 상태였다. 우리 둘 다 결정을 참 어려워한다. 가고 싶은 곳이 많기도 하지만, 서로 가고 싶은 곳이 어딘지 맞춰주려고 해서 더욱 결정이 어렵다. 다행히도 이번엔 결정을 꽤 빨리 해서 먹고 싶은 맛있는 밥을 먹고, 달달한 간식도 먹고, 귀여운 것들도 구경했다. 그동안 어떻게 지냈는지, 요즘은 뭐 하는지 여러 이야기를 나눴다. 오랜만에 만났음에도 자주 만나 온 것처럼 친근했고, 내 친구도 그때 모습 그대로였다. 편하게 고민 얘기를 꺼낼 수 있었다. 각자 지내는 생활환경이나 하는 일은 다르지만 언제나 공감해 주고 내 편이 되어주는 친구가 있음에 너무 감사하다. 나를 든든하게 응원해 주는 친구가 있다는 게 느껴질 때면 내가 그래도 잘 지내왔구나 하는 생각이 든다.

　집으로 돌아오는 길 버스 안에는 어디론가 가고 있는 사람들로 가득했다. 혼자만의 생각과 시간에 잠기고 싶어 이어폰을 끼고 노래를 들었다. 창가 자리에 앉아 솔솔 들어오는 바람을 맞으며 노래를 듣고 있으니 정말 행복했다. 그동안 봄이 온 줄도 모르고 지내고 있었다. 바빴다는 건

핑계고, 굳이 봄을 느끼려 하지 않았던 것 같다. 여전히 겨울이라고만 생각해서 나도 겨울 안에서만 지내고 있었다. 제법 따뜻해진 바람이 코끝을 간지럽혔다. 늦을 거 같던 봄이 금세 내 옆에 와있었다.

행복 키우기

　처음으로 유튜브를 시작했을 때 채널명은 '어디가요이'였다. 대학생이라 지갑 사정이 넉넉하진 않았어도, 여기저기 다양한 곳을 다니곤 했었다. 큰돈을 쓰지 않아도 한국에 너무나 재밌는 관광지가 많다는 걸 보여주고 싶었다. 여기저기 뽈뽈뽈 돌아다닌다고 해서 '어디가요이'로 채널명을 결정했다.

　채널을 시작한 지 얼마 되지 않았을 때 양평의 고로쇠 축제에 갔었다. 많은 예산을 들여서 진행하는 축제 같은데, 사람들이 생각보다 많지 않았다. 내 주변 사람들도 거기에서 그런 축제가 열리는지를 모르는 것 같았다. 꼭 해외여행이 아니더라도 한국에도 놀러 다닐 곳이 많을 텐데 모르고 지나가는 게 안타까웠다.

  채널명처럼 어디든 갔다. 당일치기 여행도 가고, 근처의 관광지도 다녀오고, 대중교통을 이용하는 여행도 떠났다. 예쁜 곳이 정말 많았다. 우연히 가본 게스트하우스에서 보는 풍경이 너무 예쁠 때, 그 지역의 특산품을 먹었는데 내 입맛에 딱 맞을 때, 이곳에 오길 참 잘했다는 생각이 들었다. 어디를 가느냐보다 중요한 것은 그곳에서 어떤 걸 마음에 담아가는지였다. 여러 곳을 다니며 작은 행복들을 모두 마음에 담을 수 있었다.

  유튜브 채널명을 바꿨다. '어디가요이'에서 '가요이 키우기'로. 모두가 자신의 행복을 있는 그대로 즐기고, 마음속에 있는 소소한 즐거움과 행복함을 키워나갔으면 하는 마음에서 '가요이키우기'라고 이름을 정한 것이다. 항상 밝고 행복한 날만 맞이할 수는 없겠지만, 밝게 생각하려 노력하면 일상이 새삼 행복하게 느껴진다. 세상은 늘 그대로인데 내가 어떻게 맞이하고 받아들이느냐에 따라 달라진다. 찾아보면 주변엔 우리에게 행복을 주고 미소를 짓게 해주는 존재들이 많다. 친구일 수도 있고, 반려동물일 수도 있고, 푸르른 식물의 살랑거림일 수도 있다. 마음껏 웃고 신나 하는 마음을 잊지 않았으면 좋겠다. 어디서든 마음껏 당신의 행복을 키우길 바란다.

평생 가장 좋은 친구는

🌿

 '가요이 키우기' 유튜브 영상에도 한 번씩 나오지만, 돈을 쓸 일이 있으면 여러 번 고민하고 쓰는 스타일이다. 구독자분들은 그런 나를 보고 짠순이라고 장난스럽게 말하기도 한다. 돈을 쓰는 것 자체가 아까운 게 아니라 같은 상품을 더 비싸게 주고 사는 게 아깝다. 물건을 구매할 때 엄청 꼼꼼히 따져보고 사는 편이다. 이 가격이 합리적인가에 대한 나만의 기준을 정해둔다. 스무 살 때부터 아르바이트하면서 돈 버는 건 정말 힘든 일이라는 걸 느꼈다. 기분에 취해서 쉽게 써버리기에는 아까웠다. 꼭 필요하고 너무 갖고 싶은 게 아니면 곰곰이 고민해 봐야 한다.

아이러니하게도 함부로 돈을 쓰는 건 좋아하진 않지만, 쇼핑을 좋아한다. 사고 싶은 게 옷이라면 제일 먼저 옷의 소재는 무엇이고, 원산지가 어디인지를 꼭 본다. 식품을 고를 때는 유통기한과 원재료가 무엇인지 꼭 확인한다. 그래서 물건 하나를 고르고, 구매하는 데 오래 걸린다. 그래도 그 과정이 너무나 즐겁다.

옷 같은 경우는 거의 인터넷으로 구매한다. 인터넷 쇼핑의 실패와 성공의 경험을 통해 나에게 맞는 사이즈가 무엇인지 얼추 알게 되었다. 전에는 모델 사진만 보고 나랑 어울릴까 걱정했었지만, 이제는 사진만 보더라도 어울리는 옷을 보는 안목이 살짝 길러졌다. 모델분이 옷을 걸치고 있는 사진이나 가까이서 찍은 근접 사진을 보면 소재가 주는 질감이나 분위기를 알 수 있다. 인터넷 쇼핑도 직접 가서 하는 쇼핑 못지않게 시간이 오래 걸린다. 우리 집에 있는 나의 다른 옷이랑 어울릴지 보면서 골라야 하기 때문이다. 원피스라면 하나만 입으면 되지만, 상의는 어떤 하의랑 입을지, 하의면 어떤 상의랑 입을지, 악세사리는 어떻게 활용하면 좋을지 머릿속으로 구상하고 사야 마음이

편해진다. 미리 옷을 살 때 어떻게 입을지 생각해 두지 않으면 기껏 구매해 놓고 옷장 한편에 언제 산지도 모른 채 우두커니 남겨질지도 모른다. 그렇게 방치하지 않기 위해서는 여기저기 잘 어울리고, 어떻게 입으면 좋을지 생각해 보고 구매한다.

쇼핑이 즐거운 이유는 나에게 어울리고 내가 좋아하는 것들을 알아가는 과정이기 때문이다. 어떤 스타일의 옷을 입어야 어울리는지, 어떤 음식을 좋아하는지, 어떤 취향을 가졌는지 더 세세히 알아가게 된다. 앞으로 나란 사람에 대해서 점점 늘어나는 정보들을 모아두고 싶다. 점점 달라지는 내 취향을 보게 될지 모르고, 한결같은 취향에 나조차도 신기해할지 모르겠다. 평생 가장 좋은 친구는 나 자신이라고 한다. 가장 잘 보듬어줘야 하고, 아껴줘야 하는 존재인 나와 더 잘 지내보고 싶다.

변화 속에서 찾는 답

어릴 때 미용실에서 파마 하는 건 너무 좋았는데 머리 자르는 건 참 싫었다. 열심히 길러 온 나의 머리가 잘려 나가는 기분이다. 그래서 일 년에 한 번 정도 미용실에 갈까 말까 했던 것 같다. 미용실 방문주기가 그렇게 자리잡혀서인지 성인이 되고 나서도 미용실은 일 년에 한두 번 가는 연례행사였다. 미용실에 가면 두 달에 한 번 정도는 와서 머리카락을 잘라줘야 끝에 상한 걸 골라내고, 건강한 머릿결을 유지할 수 있다는 말을 들었다. 사실 그런 말들이 마케팅이라고만 생각해서 믿지 않고 자주 가지 않게 되자 내 머리 스타일은 항상 비슷했다. 비슷한 길이의 머리 모양이 유지되고 있었다. 머리 스타일을 바꾸는 게 별 것 아닌 거 같지만 한 번 시술을 받고 나면 계속 그 머리로 지내야 해서 새로운 머리 스타일을 시도하는 건 도전과도 같았다. 새로운 머리 스타일을 하려면 용기와 결심이 필요했다.

4년 전쯤엔 갑자기 탈색을 해보고 싶었다. 꽤 오래 고민했을 텐데 그때는 유난히 용감했다. 어울릴지 안 어울릴지는 나중에 생각하고 '지금 아니면 언제 해보겠어'라는 생각으로 난생처음 탈색을 하러 갔다. 탈색은 염색을 두 번 정도 하는 거라 아르바이트하며 용돈을 모으는 대학생인 나에게 너무 큰 돈이 필요한 시술이었다. 그래서 여러 군데를 찾아보니 헤어 모델이라고 시술한 사진을 촬영하면 저렴하게 해주는 곳이 있었다. 기본 염색 시술비를 제외하고 4만 원만 내면 된다기에 먼 곳까지 찾아가서 탈색을 도전했다.

그때도 미용실에 자주 가지 않을 때라 머리 시술에 대해 잘 몰랐다. 탈색하면 머리카락이 얼마나 상하는지도 몰랐고, 염색하고 나면 머리 뿌리 부분은 검정 머리가 자란다는 것도 미처 생각하지 않고 있었다. 친구들이 탈색 한 번 했을 때, 다양한 색으로 염색해 봐야 한다고 알려줬던 말이 무슨 뜻인지도 몰랐다. 탈색한 내 머리는 정말 심하게 상하고 말았다. 두 번 다시 탈색은 하고 싶지 않을 정도였다. 내 생의 마지막 탈색일지 모르는 도전은 생각보다 시시하게 끝났다. 뿌리가 자라나는 걸 보고 참을 수 없던 나는 탈색한 지 두 달도 안 돼서 검은색으로 염색했다. 심지어 이것도 머리 상한다는 생각보다 어차피 검은색이라는 생각에 무작정 저렴한 곳만 찾아갔다. 그렇게 나의 머릿결은 아무것도 못 하는 빗자루 같은 상태가 되어버렸다.

그 일이 있고 나서부터는 머리카락의 소중함을 새삼 느꼈다. 요즘은 두 달에 한 번 정도는 미용실에 간다. 미용실에 예약하고 가는 일이 귀찮기만 했는데 조금씩이라도 변화를 주는 게 재밌어졌다. 머리 스타일에 다양한 시도를 하는 용기가 생겼다. 미용실에서 내 머리카락에 들이는 돈을 아깝다고만 생각하는 게 아니라 새로운 옷을 사서 입어보고 스타일에 변화를 주는 것처럼 머리를 통해 변화를 준다고 생각하기로 했다. 오히려 머리카락은 맨날 나에게 붙어있는 건데 아까워해서는 안 된다며 스스로 달래곤 한다. 그래도 어디가 합리적인 미용실인지 가격이나 후기를 꼭 찾아보고 가는 건 여전하다.

전에는 머리 자르는 게 아깝고 속상했지만, 이제는 변화가 좋다. 머리 시술을 받은 당일은 왜인지 유난히 머리가 마음에 안 드는 건 예전이나 요즘이나 그대로다. 대신 집에서 머리를 감고, 시간이 지날수록 변화한 내 머리 모양에 적응하고, 여기서 또 마음에 드는 스타일을 찾아가는 게 재밌다. 변화를 무서워하고 걱정하는 게 아니라 내 마음이 가는 선택을 하고, 변화 속에서 답을 찾아보기로 했다. 삶은 유연하고 부드럽게 살아가는 것이니까.

일상의 소중함

별일 없이 지나가는 하루의 끝에서
가만히 눈을 감고 생각한다.
즐거웠던 일 하나
고마웠던 일 하나
신기했던 일 하나
뿌듯했던 일 하나
특별한 것 없다고 여긴 날에도
막상 찾아보면 특별한 행복들 투성이다.

우리의 만남이 미소로 기억되길

한 친구가 고민이 있다며 내게 털어놨다.

"사람들과 함께하는 자리인데 기분 안 좋을 때 어떻게 해야 할지 모르겠어요. 기분이 다운된 날은 사람을 안 만나야 하는 걸까요. 늘 밝을 수는 없다는 걸 알면서도 고민이에요."

친한 친구를 맞이하듯이 밝게 사람들을 반겨왔지만, 가끔은 나도 기분이 축 처진 날들이 있었다. 그날따라 부은 얼굴이 마음에 안 들기도 했고, 심적으로 힘들어서 아무도 마주치지 않았으면 좋겠다고 생각한 날이었다. 길을 걷고 있는데 우연히 나를 알아봐 주시는 분을 만나게 되었다. 너무너무 고마운 마음이 컸지만, 오늘 말고 다른 날에 만났으면 더 좋았을 거라는 아쉬움이 들기도 했다. 기분이

저기압이어도 최대한 밝게 인사도 하고, 사진도 찍었다. 분명 웃으면서 이야기도 했지만 뒤돌아서면 이상하게 마음이 무거웠다. 뭔가 내가 평소보다 덜 밝게 맞이한 것 같아서 남은 하루 동안 내내 미안했다. 좀 더 사진도 많이 찍고, 더 이야기도 많이 나눌 걸 후회가 남았다.

 기분이 한결같을 수는 없다. 좋은 날도 있고 안 좋은 날도 있는 건 당연한 일이다. 그렇지만 기분이 평소보다 처지는 날 누군가를 만나면, 괜스레 걱정되는 건 어쩔 수가 없다. '아 저런 사람이구나, 실제로는 다르네.' 이렇게 생각하고 실망할까 봐 조마조마하다. 왜 나는 기분 조절을 잘 못 하는 걸까 자책만 하다가 오히려 더 그것 때문에 힘들어지는 것 같았다. 나도 기분이 안 좋은 날이 있는 법인데 너무 나에게 뭐라 하고 싶지 않았다. 그 이후로는 내 얼굴 상태가 마음에 안 드는 날이면, "사실 제가 오늘 맨얼굴이라 좀 못생겼는데 우리 다음에 꼭 다시 만나요!"라고 말을 붙인다. 언젠가의 만남을 기약하지만 나를 알아봐주셔서 감사한 마음에 사진도 함께 찍고 짧은 대화도 나눈다.

그때그때 나의 마음을 사람들에게 솔직하게 말하기로 했다. 숨기는 걸 못 하기에 사람을 마주하고 뒤돌아서 마음이 불편해지고 싶지 않다. 나에게 용기 내서 말을 건네준 분께도 실망시켜 드리고 싶지 않아서 선택한 방법이다. 솔직한 게 정답일지 모른다. 사람이 항상 밝을 수는 없다. 그래도 기분 때문에 서로 오해가 생기지 않았으면 좋겠다. 행여나 나에게 있는 부정적인 감정이 나 이외의 사람에게 스며들게 두고 싶지 않다.

요즘의 나는 기분이 다운된 날이면 이렇게 말한다.
"제가 조금 꿀꿀한 날이었는데 같이 이야기 해주신 덕분에 다시 신나졌어요! 나한테 말 걸어줘서 고마워요."
내게 고민을 말해준 친구에게도 내가 있었던 일을 말해줬다. 솔직하게 자신의 상황을 이야기하면 사람들도 이해해 줄 거라고 말했다. 그러니 너무 마음 쓰지 말라고. 사람들과 밝게 대화하지 못했다면, 다음에 다시 만났을 때 더 잘하면 되고, 기분이 태도가 되는 그런 일이 반복되지 않도록 노력하면 되는 것이다.

혹시나 나와의 만남에 실망한 누군가가 있다면 나도 밝게 맞이하고 싶었지만, 그렇지 못한 상황이어서 진심으로 미안했다고 말해주고 싶다. 그리고 먼저 말 걸어 주고, 다가와 줘서 정말 고맙다는 말을 전한다. 지금까지 만난 분 모두가 나에게는 소중한 추억이다. 그분들께도 소소한 기분 좋은 추억으로 남았으면 좋겠다. 우리의 만남을 떠올렸을 때 미소로 기억되었으면 하는 바람이다.

자기 가능성의 크기

　22년도 여름에 생애 첫 유럽 여행을 갔다. 대학교 동아리에서 친해진 친구 두 명과 함께 떠나게 되었다. 한 명은 벨기에에서 교환학생으로 지내고 있는 언니였고, 다른 한 명은 나와 일정이 달라서 각자 표를 예매하고 따로 출발하기로 했다. 나는 가장 저렴한 비행기 표를 찾다가 다른 나라를 경유하는 비행기 표를 구매했다. 운이 좋게 왕복 경유지가 내가 살면서 한 번은 꼭 가보고 싶었던 버킷리스트인 두바이였다. 유럽 여행도 기대됐지만, 경유지인 두바이에서 혼자 보낼 21시간도 잔뜩 기대됐다.

　경유지에서 머무는 21시간 동안 모든 것을 혼자 해결해야 했다. 영어를 유창하게 하지 못해서 여행지에 잘 도착할 수는 있을까. 의사소통 안 되면 어떡하지. 내 짐은 잘 도착할까. 걱정이 컸지만, 걱정을 덮어버릴 만큼 기대와 설렘이 더욱 컸다.

엄청 오랜만의 여행이라 설렜지만, 내 삶에서는 설렘과 계획을 짜는 일이 비례하진 않았다. 여행 짐도 떠나는 날 아침에 바리바리 챙겼다. 이렇게 무계획일 수가 있는 걸까. 원래도 여행할 때 세세한 계획을 세우기보다는 자유분방하게 발 길이 닿는 곳으로 가는 편이다. 세세하게 계획을 짜면 계획에 차질이 생길 수도 있고, 다음에 또 못 올지도 모른다는 생각에 시간에 쫓기는 기분이 든다. 이번에도 두바이라는 곳을 온전히 즐기기 위해 꼭 가고 싶은 곳 한두 곳만 가야겠다는 생각으로 출발했다.

숙소와 비행기 시간만 알아둔 채 꼭 와보고 싶다고 꿈꾸던 두바이에 도착했다. 머릿속으로 그려만 봤던 두바이는 실제로도 온 세상이 모래로 새하얀 모습이었다. 엄청나게 높은 빌딩과 사막이 함께인 이색적인 도시였다. 그곳을 내리쬐는 햇볕이 낯설지만 반가웠다. 도착해서 예약해 둔 숙소로 갔는데 생각보다 일찍 도착해서 숙소에 들어갈 수 없었다. 체크인 시간까지 기다릴까 하다가 나에게 두바이에서 주어진 시간이 그렇게 길지 않다는 생각에 조금 아까웠지만 돈을 조금 더 내고, 체크인을 빨리했다. 설레는 마음에 비행기 안에서 잠을 못 잤던 탓에 조금 피곤했지만, 샤워하고 외출준비를 하니 개운해졌다. 곧장 숙소에서 나와 택시를 타고 이동할까 했는데 하루 동안 환승이 무제한인 버스표가 있었다. 7천 원을 주고 무제한 버스표를 구매하고 돌아다니면서 상점 구경도 하고, 다른 여행객에게 부탁해서 사진도 찍고, 밥도 먹고 차도 마시니 시간이 금방 지나갔다. 오기 전에 말이 통하지 않을까 봐, 길을 잘 못 찾을까 봐 염려했었는데, 걱정이 무색할 정도로 제법 능숙한 여행객의 모습으로 두바이 곳곳을 다녔다.

추천받은 여행지도 야무지게 구경하고, 사진도 한가득 찍고서 시간에 맞춰서 공항에 도착했다. 코로나 시기였어서 PCR 검사 결과까지 받고서 경유 비행기를 무사히 탔다. 워낙 혼자 다니기를 좋아해서 집 앞 카페나 혼자 버스 타고 어딘가로 많이 다녀봤는데, 낯선 나라에 혼자 여행하고 비행기를 타본 것은 처음이라 내가 사뭇 대견해졌다.

일주일 동안 보냈던 유럽 여행만큼이나 혼자 보냈던 두바이에서의 시간이 무척 인상 깊었다. 정말 가보고 싶었던 나라에 내가 있다는 게 좋았다. 아무런 계획 없이 도착했지만, 생각보다 알차게 돌아다녔다. 가기 전에는 잘할 수 있을까 조금 무서웠다. 공항에서 길을 잃으면 어떡하지, 내 물건을 잃어버리면 어떡하지 등등 걱정에 걱정이 계속해서 불어났다. 막상 두바이 공항에 도착해 보니 유창한 영어는 아니여도 의사소통이 가능했고, 생각만큼 뛰어난 영어 실력을 요구하지 않았다. 다들 웃어주고, 물어보면 알려줬다. 왜 걱정했을까 싶을 정도로 즐겁기만 한 여행이었다.

미리 걱정하는 것보다 직접 하면 그 안에서 혼자서 해낼 수 있는 게 더 많은 것 같다. 해보지 않았기에 상상하고, 먼저 걱정하고, 걱정은 또 다른 걱정을 불러온다. 낯선 것에 대한 두려움은 사실 호기심일지 모르겠다. 나도 내가 어떤 걸 할 수 있을지, 어디까지 해볼 수 있을지 모르기에 일단 자기 가능성의 크기를 열어두면 좋겠다. 즐거움도 뿌듯함도 스스로가 만들어 내는 것이니까.

여행이었다

　개인적으로 여행을 어디로 갈까 생각할 때, 충주를 떠올려 본 적이 없었다. 내가 늘 보는 풍경과 크게 다르지 않은 내륙에 있는 도시 중 하나라는 생각에 놀러 가야겠다고 생각하지 못했다. 일상과는 다른 새로움을 바라기 때문인 것 같다. 내륙도시는 딱히 놀거리가 없을 거라고만 생각했는데, 내가 느낀 충주는 왜 아직 여행지로 유명하진 않은지 의문이 들 정도로 즐거운 곳이었다. 아직 덜 유명해진 덕분에 충주에서 실컷 추억을 만들 수 있었다.

내가 머물렀던 충주시 무지개길 게스트하우스는 생각보다 전망이 너무 좋고, 시설도 깔끔했다. 사실 시에서 운영하는 거라 큰 기대를 하지는 않았다. 그냥 기본적인 시설일 거라고만 생각했었는데 라운지라는 이름으로 큰 공간도 있고, 창문 너머로 보이는 탄금호와 그 너머에 있는 풀숲이 꽤 근사했다. 방을 잘못 예약한 바람에 침대는 없었지만, 오랜만에 온돌방에서 뜨끈하게 잘 수 있다는 생각에 이마저도 추억이 될 것 같았다.

숙소 바로 앞에서 자전거를 빌려서 탄금호를 따라 중앙탑 사적 공원으로 자전거를 타고 달렸다. 깨끗한 하늘 아래를 달리고 있으니까 자연의 품 안에 내가 안기는 듯했다. 푸른 하늘과 파란 물결 그리고 싱그러움 가득한 산이 한눈에 들어왔다. 걱정거리가 떠다니던 내 머릿속이 맑고 청량해지는 기분이었다. 한강 공원이나 동네 공원은 빌딩숲이 펼쳐져 있다면, 충주는 진짜 푸르른 숲이 근사하게 펼쳐져 있었다. 수도권에서 멀리 가지 않아도 여유와 낭만을 즐길 수 있어서 정말 행복했다.

여행을 계획할 때 누가 어디가 좋다더라는 이야기를 따르기보다는 새로운 곳을 가보려고 한다. 새로운 장소를 보고, 새로운 먹거리를 먹어보는 게 더 즐겁다. 새로운 곳을 간다는 거 자체가 설렘이고 그때 얻는 행복이 더 클 수도 있다는 걸 이번 여행을 통해서 다시금 느꼈다. 충주 여행은 예상치 못한 행복이 정말 컸다. 아마 나에게 여러 가지로 오래 기억될 장소이다. 일상에서 벗어나 그 순간만큼은 고민 걱정이 떠오르지 않았다면 그게 여행이다. 어디서든 마음껏 행복하다면 그곳이 최고의 여행지이다.

말의 무거움에 대해

고민이나 걱정이 있어도 이왕이면 혼자서 생각하고 해결하려고 한다. 말은 온기가 되어주기도 하지만 간혹 말이 날카로움이 되기도 함을 알고 있다. 나의 고민이 언젠가 누군가에게 내 약점이 될 수도 있다는 걸 늘 염두에 둔다. 아무리 잘 지내는 관계라고 해도 관계의 모양은 언제든 바뀔 수가 있다. 지금이야 상대를 믿고 이야기하지만, 나중에 멀어진 후에는 늘어놓았던 나의 이야기와 나의 마음은 다시 주워 담을 수 없게 될 것이다. 언제든 내 편에 서주는 내 친구들이라는 걸 알면서도 혹여라도 나중에 후회하지 않기 위해 내 마음을 스스로 흘려보낼 뿐이다.

내가 처한 상황에 대해서 가장 잘 알고 있는 사람은 누구보다도 '나'다. 그런데도 주변 사람에게 내 이야기를 할 땐 내 편에 서주길 바라는 마음과 공감받고 싶은 감정이 섞여 주관적으로 전하게 된다. 그렇게 되면 내 생각이 더 옳다고만 믿게 되고 올바른 선택보다는 원하는 쪽으로 생각이 굳어지고 만다. 시간이 지난 후에 더 현명했다고 판단될 결정을 하기 위해서라도 다른 사람에게는 굳이 내 고민을 털어놓지 않는다. 내가 마음의 결정을 거의 다 내렸을 때만 이야기를 꺼낸다.

각자가 놓인 상황이나 환경이 다르다. 서로의 고민을 들어줄 순 있지만 완벽하게 공감하고, 해결해 줄 수는 없다. 혼자서 많은 생각을 한 후에도 도무지 답을 모르겠을 때는 조언을 구한다. 당장 문제해결을 위해 이야기하기보다는 나와 다른 의견을 들어보기 위해서이다. 유감스럽게도 다른 사람의 조언이 꼭 내 상황과 맞아떨어지는 경우는 드물었다.

고민으로 막힌 생각의 물꼬를 틔워주는 것은 오직 나만

이 할 수 있는 일이다. 타인은 다정한 응원자일 뿐이지 해결사가 되어줄 수는 없다. 이왕이면 말은 무겁게, 생각은 길게, 고민은 신중하게 한다. 고심하는 시간의 터널을 지나오면 다시 밝은 일상을 만나게 될 것이다. 고민은 흘러갔을 테고, 결정한 선택은 제자리를 찾아가고 있을 테니.

내 동생 구찌

어렸을 때 기억을 더듬어 보면 이런 장면이 떠오른다. 할머니 댁에 갔을 때 동네에 사시는 이웃 할머니 할아버지들이 늘 물었다.

"너는 혼자야? 엄마한테 가서 동생 낳아달라고 해"

그런 질문을 들을 때면

"저는 혼자라서 좋아요!"

이렇게 대답하곤 했었다. 정확히 기억나진 않지만, 그 당시 나는 그다지 형제가 있었으면 좋겠다고 생각하지 않았다. 엄마 아빠가 나의 가장 친한 친구였기 때문에 부족함이 없었다. 그런데 점점 커가면서 초등학생이 되고, 또래 친구들과 어울리는 즐거움을 알게 되면서 달라졌다. 부모님께 언니가 갖고 싶다는 말도 안 되는 떼를 쓰기 시작했다. 나도 내 또래의 가족이 있기를 바랐던 것 같다.

 나의 말도 안 되는 언니 타령이 끝날 즈음부터 나는 새롭게 강아지를 가족으로 맞고 싶다고 부모님께 조르기 시작했다. 내 부탁이라면 무엇이든 들어주고 싶어 하시는 부모님이셨지만 완강하게 고개를 저으셨다. 강아지 털 알레르기가 있는 내가 걱정되시기도 했고, 비염이 심한 부모님께서도 강아지를 잘 돌볼 자신이 없다고 그러셨다. 게다가 부모님은 두 분 다 출근하셨고, 나는 학교가 끝나면 학원에 가 있어야 했다. 집에 강아지 혼자 남겨진 시간이 너무 길기 때문에 절대 안 된다고 하셨다. 엄마 아빠의 말이 다 맞아서 강아지를 입양하는 걸 포기하고 지내고 있었다.

 그랬던 엄마 아빠는 내가 말한 이야기를 잊지 않고 계셨던 것 같다. 내가 수능이 끝나자마자 삼촌을 통해서 강아지 한 마리를 데리고 오셨다. 외출하고 집에 돌아왔는데 너무너무 귀여운 강아지가 우리 집에서 이곳저곳 돌아다니며 냄새를 킁킁 맡고 있었다. 이렇게나 작고 귀여운 생명

체가 존재할 수 있다니. 마음이 행복한 설렘으로 쿵쾅거렸다.

구찌라는 이름을 지어주고, 구찌와의 행복한 날들만 계속될 거라고 생각했는데 문제가 생겼다. 나의 강아지 털 알레르기가 이토록 심할 줄은 몰랐던 것이다. 얼굴까지 울긋불긋 두드러기가 올라오고, 코랑 목까지 부어서 숨을 제대로 쉬기가 어려웠다. 하루 만에 정이든 구찌였다. 우리 가족이 구찌의 평생을 책임지겠다고 약속해 놓고 내 알레르기 때문에 포기할 수는 없었다. 가족이 된 구찌를 위한 특단의 조치로 집에서 내가 마스크를 낀 채 생활하기로 했다. 정말 신기하게도 1년쯤 지나자 평생 갈 것 같았던 내 알레르기 반응이 거의 사라졌다. 마스크를 착용하지 않은 채로 구찌와 있어도 아무렇지 않았다. 의학적으로는 이게 어떤 이유 때문인지는 모르지만, 나는 나와 구찌의 사랑 때문이 아닐까 혼자 추측한다.

구찌가 우리 집으로 와준 건 정말이지 너무나 큰 행운이다. 엄마, 아빠, 나 이렇게 세 식구일 때도 좋았지만 구찌가 오고 난 후로 행복이 네 배로 더 커졌다. 구찌 덕분에 많이 웃게 되고, 언성 높여서 짜증 낼 일도 구찌가 놀랄까 봐 작은 소리로 대화로 풀게 된다. 부모님이 나를 키우셨던 감정을 감히 다 알 수는 없지만, 구찌가 커가는 모습을 지켜볼 때마다 문득 부모님의 마음이 이렇지 않았을까 생각한다. 엊그저께 조그만 솜뭉치 같던 아이가 이제는 짖을 줄도 알고, 산책도 잘하고, 밥도 잘 먹고, 가족을 지키고 싶어 하기도 한다. 신기함을 넘어 가끔은 경이로울 때도 있다. 새삼 세상의 모든 존재는 작고 미흡할지라도 하나같이 소중하다는 걸 구찌를 통해 배우게 되었다. 구찌의 심장이 콩닥콩닥 쉴 새 없이 뛰고 있고, 자기주장을 하기도 하고, 애교도 부린다. 그렇게 우리는 가족이 되었다.

우리 가족의 막내 구찌가 아주 오래도록 건강했으면 좋겠다. 지금처럼 언제나 밥도 잘 먹고 잘 놀면서 개구쟁이로 오래오래 살았으면 싶다. 내 동생 구찌에게 끝없는 사랑을 주고 싶으니까.

"구찌야 우리 가족이 되어줘서 고마워."
언제나 아가 같은 네가
언제나 우리 곁에 머물러주면 좋겠어.
너는 존재 자체로 우리에게 큰 사랑이니까.

내가 나로서 더 행복해지도록

가끔 찾아오는 특별한 날이 있다. 아무런 계획도 일정도 없는 날이다. 그런 하루는 내가 하고 싶었던 것들로 가득 채운다. 내리쬐는 따사로운 햇살에 상쾌하게 눈을 뜬 나는 기지개를 켜고, 일어나서 곧장 씻는다. 푹 자서 쌩쌩한 지금, 쉬는 날을 헛되이 보내고 싶지 않아서 바로 메모장을 꺼내 오늘의 일정을 써본다. '이불 털고 개기' '집 청소기 슝슝 돌리기' '산책하기' '카페 가서 여유 즐기기' '설거지하기' '옷장 정리하기' 크게 중요한 일들은 아니지만, 미뤄뒀던 소소한 일들을 하면 내 주변이 깨끗하게 정리가 되면서 마음에도 평온한 여유가 생기는 것 같다.

가장 먼저 신나는 노래를 틀어놓고서 시작한다. 자고 일어나서 제일 먼저 이불을 털고 개 둔다. 힘없이 털어져 나오는 먼지들처럼 가볍게 흩날려도 될 불필요한 고민과 생각들까지 같이 흩어지는 기분이 든다. 팡팡 소리가 나게 이불을 털고 예쁘게 개어놓으면 깨끗하게 정돈된 나의 잠자리가 오늘 하루도 상쾌하게 시작됐음을 알려준다.

이불을 정리하고 청소기를 돌린다. 청소하는 게 긴 시간이 드는 일은 아닌데 미루다 보니 아주 여유로운 날만 하게 된다. 점점 깨끗해지는 집을 보고 있으면 꼭 새 집으로 이사 온 것 같다고 생각한다. 청소기가 먼지를 잘 빨아들이고 있는지 먼지 통을 틈틈이 본다. 청소할 때면 나를 품고 있는 공간을 내가 깨끗하게 정리했다는 뿌듯함이 차오른다. 청소기를 들고서 이리저리 움직이는 동안 머릿속의 복잡한 생각들 대신에 아무런 생각을 하지 않을 수 있어서 좋다.

몸을 움직여서 조금 배가 고파질 때 냉동실에 있는 닭가슴살 도시락을 꺼낸다. 비록 냉동식품이지만 대충 전자

레인지에만 돌려먹지 않는다. 꼭 프라이팬을 꺼내서 밥도 다시 볶아주고, 반찬도 따듯하게 데워서 예쁜 그릇에 옮겨 담는다. 솔직히 조금 귀찮긴 하지만 나를 위한 한 끼를 소홀히 하고 싶지 않아서 번거로움에도 불구하고 이왕이면 예쁘게 먹으려고 한다.

쉬는 날이면 집에 있기보다는 가벼운 산책을 다녀오거나 새로운 카페에 가본다. 친구나 가족, 남자친구와 함께 보내는 휴일도 좋지만 혼자 보내는 휴일도 즐겁다. 내가 가고 싶은 곳을 스스로 정해서 걸어갈 때의 산뜻함이 있다. 평소에 누군가와 같이 있을 때는 상대방이 이걸 좋아할까? 싫어하진 않을까? 같은 생각을 많이 하는데, 혼자 있을 땐 내가 하고 싶은 걸 마음 편히 즐길 수 있어서 좋다. 걸어가다가 들려오는 새소리와 바람의 간질거림을 만끽하기 위해 벤치 의자에 앉아서 잠시 쉬기도 하고, 하천에 사는 물고기와 오리도 구경한다. 어디를 가야 한다는 목표가 있을 때와는 다르게 자연이 움직이는 소리가 노랫말처럼 들려온다. 햇볕의 따뜻함, 바람의 살랑임, 이름 모를 새의 지저귐 같은 자연을 온몸으로 느끼면서 걷다 보면 내일을 또 열심히 보낼 여유와 다짐이 생겨난다. 인적이 드문 곳을 산책할 때면 혼잣말을 하면서 걷기도 한다. 주로 나를 응원해 주는 말을 한다. '무엇이든 할 수 있어.' '고민하는 것들이 다 잘될 거야.' 나를 진심으로 응원하다 보면 내딛는 발걸음에 용기가 차오르게 된다.

 카페는 실내 인테리어가 예쁜 곳보다 통창이 있어서 바깥 풍경을 구경할 수 있는 곳을 고른다. 그리고 빵을 직접 만드는 곳이라면 더없이 좋다. 빵을 구경하는 건 너무 재밌는 일이다. 머리에 잔뜩 딸기를 올리고 있거나, 샤인 머스캣을 모자처럼 쓰고 있거나, 노란 크림을 빵빵하게 품고 있는 빵처럼 예쁘게 꾸며진 채 옹기종기 모여있는 빵들이 너무 귀엽다. 고심해서 고른 에이드와 빵을 시켜두고 통창 앞에 자리를 잡는다. 상큼한 에이드를 한 모금 하고, 달콤한 빵을 한 입 깨문다. 지나다니는 사람들과 흔들리는 나뭇잎을 구경한다. 바쁘게 움직이는 자동차들과 사람들을 보면서 다들 어디로 가는 걸까 생각한다. 각자 자신의 목표가 있고 그것을 향해 바쁘게 살아가는 모습은 참 멋있다고 생각하며 우리는 모두 다 대단한 사람이라는 걸 다시금 깨닫는다.

집에 돌아와서 따뜻한 물에 몸을 녹이며 오늘 하루는 어땠는지 생각에 빠진다. 문득 기억에 남는 순간들은 다이어리를 꺼내서 적어놓기도 하고, 하천을 따라 걷다가 만난 돌계단 옆에 예쁘게 피어있던 꽃들과 찍었던 사진을 다시 보기도 한다. 창문을 열어서 어둑해진 밤공기를 들이마신다. 차가운 공기가 얼굴을 감싼다. 꽤 괜찮은 하루였다는 생각에 뿌듯함을 느낀다.

여유로운 하루를 보내면 다시 열심히 살아갈 힘이 생기는 것 같다. 우리는 살아가면서 여러 사람을 만나고, 그 많은 사람 사이에서 나라는 존재를 굳이 내세우지 않으면서 지낸다. 이왕이면 잘 융화될 수 있도록 자신의 색을 희석하려고 한다. 그래서 정작 '나' 자신에게 집중할 시간이 많지 않다. 쉬는 날 혼자 보내는 시간이 더 특별하고 소중하게 느껴지는 이유는 온전히 나에 대해 더 많이 생각할 수 있는 시간이기 때문이다. 혼자 돌아다니면서 내가 좋아하는 것, 내가 하고 싶은 것, 내가 가고 싶은 길에 대해서 더 많이 생각하게 된다. 혼자서 보내는 시간 속에서 나는 뭘 좋아하고, 무엇으로부터 행복감을 얻는지, 언제 생동감을 느끼는지 찾아내는 과정이 삶을 더 행복하게 만들어 줄 것이다. 내가 나로서 더 행복해지도록.

여유로운 하루를 보내면 다시 열심히 살아갈 힘이 생긴다.
쉬는 날 혼자 보내는 시간이 더 특별하고
더 소중하게 느껴지는 이유는
온전히 나에 대해 더 많이 생각할 수 있는
시간이기 때문이다.

따뜻했던 기억

행복한 순간들이 너무나 많지만, 지금까지 가슴에 잔잔히 남아있는 기억이 있다. 고등학생 때 필수로 채워야 하는 봉사 시간을 쌓기 위해 보육원에 가서 봉사활동을 했었다. 초등학생 친구들한테 간단한 수학 문제도 알려주고, 더 어린 친구들한테는 책을 읽어줬다. 해야 하니까 갔던 봉사활동인데 봉사하는 시간 내내 웃음이 끊이질 않았다. 끝나고 나오는 길에 보육원 아이들이 눈에 아른거리고 맑은 미소에 마음 따뜻해졌다.

그렇게 봉사활동이 좋아져서 학교에서 봉사 동아리에 들어갔다. 일주일에 한 번, 하고 싶은 봉사활동을 직접 계획해서 봉사를 다닌다는 점이 좋았다. 주로 할머니 할아버지분들이 많이 계시는 요양병원과 장애인 복지시설을 방문했다. 내가 동아리 부장으로 활동하고 있어서 봉사하러 가기 전에 봉사 장소 섭외, 어떤 활동을 할지에 대한 계획을 세우고 준비했다. 봉사를 가면 청소를 해드리는 것 외에도 말동무가 되어 드리고, 할머니, 할아버지와 함께할 수 있는 활동으로 준비했다. 한 번은 종이접기 활동을 기획했다. 종이접기가 두뇌 건강에도 좋고, 손끝 자극에도 좋다는 이야기를 듣고 어르신분들과 함께하면 좋을 거 같았기 때문이었다. 내가 생각했던 것만큼 종이접기 활동에 대한 반응이 좋지는 않았다. 어르신분들께 재미없는 시간을 보내게 해드린 건가, 잘못 계획했다는 마음에 속상해하고 있었다. 그러자 한 할머니께서 와준 것만으로도 정말 고맙다고 내 두 손을 꼬옥 잡아주셨다. 옆에 계시던 어르신분들도 가지고 계시던 음료수를 한 잔씩 건네주시며 "와줘서 너무 고마워요"라고 말씀해주셨다. 곱게 접힌 눈가 주름과 다정한 눈동자가 너무 따뜻해서 마음 뭉클해졌다.

봉사활동을 하고 나면 내가 애쓴 것보다 훨씬 더 큰 배움을 얻게 된다. 그렇게 어려운 일을 한 것도 아닌데 마음 어디쯤이 한 뼘씩 성장하는 것 같다. 평소에 아무것도 아닌 존재라고 생각되던 내가 누군가에게 도움을 줄 수 있고, 그 누군가와 함께 보내는 시간 속에서 삶에 대해 배우게 된다. 그래서 참 즐겁고 따뜻해지는 일이다. 내가 할 수 있는 선에서 꾸준히 봉사와 기부를 하는 건 어떤 것과도 비교할 수 없는 큰 행복으로 다가온다.

일상의 기쁨

일상의 기쁨은 나에게 와락 달려오지 않는다.
살며시 그리고 부드럽게 늘 우리의 곁에서
은은한 온도로 기다리고 있다.
맛있는 빵 냄새
기다리지 않고 바로 타게 된 버스
햇볕의 반짝임
노을 진 하늘에 떠 있는 구름에서
가만히 기다리고 있다.
우리는 그 기쁨들을 알아채기만 하면 된다.
오늘도 역시나 행복했다고 속삭이면서.

사랑하는 우리 할머니

 어느 날부터 갑자기 할머니 생각만 하면 코가 찡하고, 눈가가 뜨거워진다. 할머니 댁에 가서 돌아올 때 헤어지기 전 할머니를 꽉 안고 있으면, 왜 그렇게 눈물이 나는지 모르겠다. 오늘 낮에도 할머니 안부를 물으러 전화했는데 지금 이 글을 쓰면서도 눈물이 툭 떨어질 정도로 나에게는 할머니가 참 애틋하다. 할머니와 자주 통화를 하지만 그래도 늘 보고 싶다.

할머니랑 전화할 때마다 할머니는 늘 내 걱정뿐이다. 밥 잘 챙겨 먹는지, 차 조심해서 다니는지, 밤늦게 다닐 때면 밤길은 조심하는지 매번 걱정하신다. 나는 반대로 할머니한테 밥 잘 챙겨 드시고, 건강 챙기시라고 애정 섞인 잔소리를 남긴다. 할머니와 통화 끝에 우리는 꼭 서로 사랑해~ 라고 말하고 끊는다. 처음에는 할머니도 부끄러워했었다. 내가 '할매 사랑해'라고 말했더니, 한참을 '항항항항' 웃으시면서 전화를 끊으려고 할 정도였다. 끊으려는 할머니에게 '할매도 나한테 싸랑해~ 라고 말해줘야지!'라면서 계속 보챘다. 결국 할머니는 못 이기시는 척 "가영아 사랑해"라고 해주셨다. 그 이후로 할머니는 전화할 때면 나보다도 먼저 '사랑해'로 끝인사를 하신다.

할머니 댁에 놀러 가면 부추전이 스무 장씩 쌓여 있고, 잡채는 한 솥 가득 담겨있다. 성인 팔뚝만 한 커다란 생선들이 찜기 안에 놓여 있고, 갈비와 고기는 김칫독 가득히 재워두신다. 다리 아픈 우리 할머니가 힘들까 봐 음식을 조금만 하시라고도 해보고, 차라리 아무 음식도 하지 마시고 쉬시라고 말하지만, 할머니는 알았다고 대답만 하신다.

여전히 가족들이 놀러 온다는 소식이 들리면 음식들을 푸짐하게 만들어 놓으신다. 행여 부족할까 봐 읍내 장에 가서 과일, 떡, 과자, 요구르트 등 가족들이 좋아할 것 같은 것들까지도 잔뜩 사다 놓는다. 심지어 아픈 다리로 밭에 가서 직접 기른 채소며 과일까지 따서 챙겨주신다. 분명 힘드실 텐데, 힘든 내색 하나 없이 집에 있는 건 다 챙겨주신다. 어릴 때부터 지금까지도 할머니 댁만 다녀오면 평소에 마트에서 장 보는 것과는 비교도 안 될 정도로 엄청난 양의 맛있는 음식들로 우리 집 냉장고가 빵빵해진다. 냉장고 문을 열었을 때 꽉 찬 걸 보면 꼭 우리 할머니의 사랑이 꽉 채워진 것 같아서 괜스레 웃음이 나온다.

우리 할머니 할아버지는 심심해서 한다고 하지만 매해 벼농사부터 고추 농사, 고구마 농사까지 지으신다. 그렇게 땀 흘려 버신 돈을 해마다 나와 사촌 동생들에게 용돈으로 쥐여주신다. 안 주셔도 된다고 거절하면, 이번이 마지막으로 주는 거라고 하시면서 매번 용돈을 주신다. 통통 부어있는 할머니 다리 치료비로 쓰셨으면 좋겠는데도, 괜찮다면서 걱정하지 말라는 웃음이 마음을 아프게 한다. 할머니를 생각하면 감사해서 마음이 아리기도 한다. 할머니 다리도 치료해 드리고, 건강해진 다리로 좋은 곳도 같이 여행 다닐 수 있게, 내가 더 멋진 사람이 되고 싶다. 내가 사랑하는 사람들이 나에게 의지하고, 내가 단단히 지켜줄 수 있게.

> 우리 할머니가 행복한 게 나의 행복이야.
> 나랑 같이 오래오래 행복하자.
> 세상에서 제일 고운 우리 할머니.
> 내가 제일 사랑해요!

따뜻한 말 한마디

　새로운 곳에 가면 새로운 사람을 만나게 된다. 처음 본 사람과 마주하는 상황이 어색한 건 사실이다. 그래도 나는 이왕이면 먼저 말을 건네려고 노력한다. 서로 어색함을 느껴서 차가워지는 공기 속에 있기보다는 가벼운 인사와 살가운 이야기를 건네면서 피어나는 따뜻한 공기가 좋다. 새로운 장소가 주는 설렘만큼이나 그곳에서 새로 만나게 될 사람들에 대한 기분 좋은 낯섦이 예상치 못한 인연을 만들어 주는 것 같다.

얼마 전에 노부부 어르신들을 만났다. 웹드라마 촬영을 위해 야외에서 대기하고 있을 때였다. 마침 그 현장을 신기하게 바라보고 계시는 표정을 보고, 조심스럽게 인사를 드렸다. 처음 보는 사이인데도 내 인사를 반갑게 받아주시며 기분 좋은 질문들이 이어졌다. 무얼 하는 중인지, 이름은 무엇인지, 나이는 몇 살인지 궁금해하신 것들을 하나씩 다 설명해 드렸다. 지금은 웹드라마를 촬영하기 위해서 기다리는 중이고, 김가영이고, 스물네 살이라고도 말씀드렸다. 그러자 어르신들은 핸드폰을 꺼내 찾아보시고는 신기하다며 내 손을 꼭 잡으셨다. 앞으로 더 잘 됐으면 좋겠다는 덕담을 듣자 괜히 더 용기가 나는 것 같았다. 마지막까지 호탕하게 웃으시며 응원을 건네고 가시는 노부부의 따스함에 추위가 녹아들었다. 조금 지쳐있던 나에게 에너지가 솟아나는 것 같았다. 모른 척 지나갔거나, 아무 말도 건네지 않았더라면 스쳐 갈 순간이었을지 모른다. 다정한 인사로 시작된 짧은 대화는 아마 나에게 오래 기억에 남는 순간이 될 것 같다.

문득 찾아오는 새로운 인연은 꼭 선물 같다. 무심코 지나갔더라면 경험해 보지 못했을 다정한 미소, 따뜻한 말 한마디, 포근한 응원들이 너무나 소중하다. 예상하지 않았기에 더 뜻깊은 인연은 어디서 갑자기 나타날지 모른다. 나는 앞으로도 새로운 곳을 갈 때면 어디선가 나타날지 모르는 소중하고 새로운 인연을 기대할 것 같다. 나도 누군가에게 선물처럼 따뜻한 응원이 되기를 바라면서.

제목: 따뜻한 말 한마디						날씨 ☀

	먼	저		건	네	는		인
사	는			나	도		기	분	이
좋	아	진	다	.			네	가	
행	복	하	길		바	라	!	

예상하지 못한 곳에서 오는 행복이 더 큰 법이다.
해야 하는 것을 못 했다고 해서 좌절하지 말고,
하고 싶은 것을 했다고 해서 불안해하지 않기를.

마음에 여유가 들도록
적당한 비움이 필요해

3부

늘 너의 편이 되어줄게

 다 저마다의 삶이 있는 것인데, 가끔 세상에 정해진 길이 있는 것처럼, 지켜야 할 속도가 있는 것처럼 느껴질 때가 있다. 대다수가 갔던 길을 가지 않으면 틀린 거고, 먼저 걸었던 인생 선배들이 살았던 속도에 맞추지 않으면 잘못된 것처럼 불안할지 모른다. 정해진 길에서 조금 벗어난 길을 먼저 가볼 수도 있고, 아무도 가지 않았던 수풀을 걸어 나갈 수도 있는 것이다. 많은 사람들이 걸어간 포장된 도로만이 꼭 정답은 아니다. 느긋하게 하늘도 보고 쉬었다 가도 되고, 느린 건 답답해하며 빠른 호흡으로 뛰어가도 된다.

 "하고 싶은 것 다 해보세요."

언젠가 내가 유튜브 영상을 찍으면서 했던 말이다. 하고 싶은 일이 있고, 도전해 보고 싶은 일이 있어도 걱정 때문에 일단 멈춰있는 건 아쉬운 일이다. 실수할 수도 있고, 후회할 수도 있다. 하지만 그 모든 순간이 결국 나의 자양분이 되어줄 것이다. 학교에 가는 나이, 취업하는 나이, 결혼하는 나이 같은 정해진 때에 자신을 맞출 필요는 없다. 하고 싶은 일을 하고, 좋아하는 것을 찾고, 재밌어하는 것을 찾아내면 나만의 길과 나만의 속도가 뚜렷해지는 것 같다.

아직 나도 나의 길을 만들어 가는 중이다. 평지만 걷는 게 아니라 경사진 비탈길을 오르기도 했고, 물살이 거센 강을 건너오기도 했다. 소곤거리는 말소리도 조심해야 했던 고시원에서 지낼 때도, 창문을 열면 자전거 바퀴들이 보이는 반지하에서 지낼 때도, 볕이 잘 들어오는 자취방에 살 때도 항상 즐거웠다. 고된 길을 걷는다 해도 몸이 고됐을 뿐 마음은 행복했다. 그건 내가 나의 편이었기 때문이었다. 어떤 일이라도 잘 해낼 것이라는 나에 대한 믿음이 만들어 준 힘이었다.

자신의 길이라고 믿고 들어선 곳에서 막상 어디로 가야 할지 몰라서 헤매고 있을지도 모른다. 남들과 비교하는 소리에 의기소침해지고, 벌써 나보다 저만큼이나 가버린 사람들의 모습에 허망함을 느꼈을지도 모르겠다. 분명한 건 남의 소리와 남의 모습에 나를 견줄 필요는 없다는 것이다. 움츠러든 마음을 펼치게 해주는 것은 무엇이든 잘 해낼 자신을 믿어주는 마음이다. 모든 발자국에 확신을 담을 수는 없더라도 끝까지 걸어갈 것이라는 자신감이 있다면 우리는 목적지에 도달할 것이다. 무엇이 되더라도, 무엇을 하더라도 나는 늘 당신의 편이다. 멋진 당신은 분명히 해낼 테니까.

늘 너의 편이 되어줄게
어느 날 길을 잃었어도
어떤 날 마음을 다쳤어도
내가 너의 편이 되어줄게
무엇이 되더라도
무엇을 하더라도
너는 멋지게 해낼 테니까

해야 하는 것과 하고 싶은 것

　해야 하는 것과 하고 싶은 것 사이에서 고민이 생기는 건 어쩌면 당연한 일일지도 모르겠다. 각자 자기만의 기준으로 해야 하는 일이 삶에서 정해지곤 한다. 나도 그랬다. 해야 한다고 생각했던 게 꽤 많았다. 남이 살아가는 모습을 곁눈질로 보면서 나와 비교하기도 했고, 남들처럼 되기 위해서 노력하는 게 내가 해야 하는 일이라고 생각했었다. 그렇게 살아온 시간은 사실 나답지 못했던 시간이었던 것 같다. 성인이 될 즈음부터 내 삶을 내가 꾸려나가는 것이라는 사고가 정립되면서, 해야 하는 것보다 하고 싶은 것에 무게를 더 실었다.

내학교 입학하기 위한 원서를 쓸 때도 주변의 이야기보다 내가 정말로 배우고 싶은 게 무엇인지 고민하며 선택했었다. 대외활동이나 인턴을 지원할 때도, 하고 싶은 것은 일단 꼭 지원했다. 전과를 한 것도 마찬가지였고, 내가 걸어온 발자국은 다 내가 하고 싶은 일들이었다. 해야 하기에 어쩔 수 없이 하는 일보다 하고 싶은 일이기에 최선을 다하며 해내고 싶었다.

한문교육과를 다니다가 광고홍보학과로 전과도 했고, 해보고 싶었던 대외활동에 참여하기도 했고, 행운이 따라준 덕분에 꼭 다녀보고 싶었던 회사에서 인턴으로 근무도 했다. 하고 싶은 일을 선택하고, 그만큼 노력했다. 결과는 내 바람처럼 이뤄진 것도 있고, 나중에 생각해 보니 후회되는 일도 있다. 그래도 괜찮다고 웃어넘길 수 있는 것은 내가 진심으로 하고 싶은 것을 선택했다는 사실 때문이었다.

선택에 있어서 누군가의 조언을 듣거나 다른 이의 행적을 살펴보는 것도 좋지만, 실수하더라도 내가 결정해 보는 경험이 중요하다. 잘못된 선택도 해봐야 나중에 옳은 선택을 할 수 있는 기준이 생긴다. 우선순위로 무엇을 둘지, 내가 진정으로 원하는 방향은 어느 쪽인지 인지하게 된다. 남에 의한 결정은 그 결과가 어떤 모양이든지 훗날 자신에게 도움이 되는 것은 그다지 없을 것이다.

예상하지 못한 곳에서 오는 행복이 더 큰 법이다. 답을 모르는 선택지 앞에서 스스로 결정을 내리면 좋겠다. 내면의 깊은 곳에서 내가 진짜 하고 싶은 게 무엇인지 느껴본 후에 결정해도 늦지 않다. 고민 끝에 내린 선택만큼 현명한 선택은 없다. 해야 하는 것을 못 했다고 해서 좌절하지 말고, 하고 싶은 것을 했다고 해서 불안해하지 않기를.

예상하지 못한 곳에서 오는 행복이 더 큰 법이다.
해야 하는 것을 못 했다고 해서 좌절하지 말고,
하고 싶은 것을 했다고 해서 불안해하지 않기를.

그렇게 모두 행복해지길

웃음을 주면 내가 더 행복해진다. 나는 재밌는 사람은 아니다. 말재주가 있거나 센스가 뛰어나고, 재밌게 이야기하지는 못한다. 그래도 나랑 대화하는 상대가 내 이야기에 재밌어하면 기분이 좋다. 친구나 새로운 사람을 만났을 때 은근히 웃음 욕심을 내본다. 너털웃음이든 그냥 흐뭇한 미소든 나와 함께하는 시간 동안 같이 있는 사람이 즐겁게 보냈으면 싶다. 나와 만나고 집에 돌아갔을 때 꽤 행복한 시간이었다고 느꼈으면 좋겠다.

그런 마음을 유튜브 채널 영상에도 담고 있다. 공감을 통한 웃음도 좋고, 세상을 저렇게 볼 수도 있구나 하는 신기한 미소도 좋고. 부족함 섞인 실수가 웃겨서 웃는 웃음도 좋다. 어떤 웃음이든 우리 채널을 보고서 일상에서 한 번 더 웃었으면 좋겠다. 댓글 중에서 영상을 보고 웃었다는 내용이 있으면 그걸 읽은 내 하루가 행복으로 물든다. 잠깐이라도 누군가가 나로 인해 웃었다는 건 참 행복한 일이다.

내가 누군가의 인생에서 스쳐 지나가는 사람이더라도 기분 좋은 인연이고 싶다. 생각하면 미소가 지어지고, 기분이 좋아지는 사람으로 남고 싶다. 웃으면 복이 온다는 말을 믿는다. 많이 웃고 열심히 복을 모아뒀다가 다시 그 복을 많은 분께 나눠주고 싶다.

적당히 슬픈 일도 용감하게 넘어가고, 조금 복잡한 마음도 금세 털어내고, 한번 크게 웃는다. 나쁜 감정들이 마음을 심란하게 만들지 않도록 웃으면서 털어낸다. 앞으로도 나는 많은 웃음을 주고, 마음껏 웃을 수 있는 사람이 되고 싶다. 웃는 사람도 웃음을 주는 사람도 웃음을 받는 사람도 모두 행복해지길.

쉬어도 될까요?

여유가 많아도 문제고, 여유가 없어도 문제다. 마음이란 참 어렵다. 할 일이 너무 많으면 아무것도 안 하고 가만히 누워서 쉬고 싶다. 아무것도 안 해도 되는 쉬는 날이 오면 가만히 흘려보내면 안 될 것만 같다. 꼭 청개구리처럼 마음이 움직인다.

쉬고 싶다는 생각을 종종 하지만, 쉬는 걸 좋아하지는 않는다. 하루하루를 알차게 보내는 게 재밌다. 가야 할 곳을 가고, 해야 할 일을 해낼 때 미션을 수행한 것 같은 기분이 들어 짜릿하다. 오늘 하루를 잘 보낸 거 같아 기특한 느낌이 좋다. 아침에 일어나서 계획표를 세우고 하나씩 형

광펜으로 그으면서 해결하는 게 나의 작은 행복이다. 부지런히 이것저것 해야 마음이 놓이는 성격이다.

그런 내게도 휴학이라는 긴 여유가 생겼다. 시간이 많아져서 마냥 좋을 줄 알았는데 걱정이 더 컸다. 학교생활을 하다가 방학이 되면 알차게 보내야겠다는 다짐만 하고서, 어영부영 놀러 다니다가 끝나는 방학 시간을 보냈던 탓일까. 막상 휴학 신청 버튼을 누르고, 스스로 채워나가야 하는 시간이 길다는 걸 자각하고 불안했다. 그래서 곧바로 알아봤던 게 인턴 채용이었다. 부지런히 인턴 채용 공고를 찾아보고 지원서를 쓰며 바쁘게 지냈었다.

부지런히 살다가도 아무것도 하고 싶지 않을 때가 있다. 해야 할 일이 많은데도 안 하고 누워있거나 휴대폰만 들여다보다가 후회하고 자책한 적도 많다. 난 왜 이렇게 부지런하지 못한 걸까. 시간을 허투루 보낸 거 같아 속상했다. '부지런히 움직였어야지 왜 그랬어' 하면서 나를 미워했다. 계속 자책하고 망쳐버린 하루가 속상해서 마음 졸인 적도 있었다. 요즘은 달라졌다. 설령 쉬느라 시간을 써버렸다고 해도 그렇게까지 자책하지 않는다. 어차피 지나간 시간이고 다시 돌아오지 않는다는 걸 알기 때문이다. 잠시 쉬는 동안 행복했다. 그거면 된 것이다. 지나가 버린 시간에 연연하면 오히려 지금을 방해할 뿐이다. 아무것도 하지 않고 가만히 있고 싶은 날은 쉬기도 하고, 놀고 싶은 날은 논다. 대신 후회하지 않는다. 놀았으면 스트레스가 해소되어야 하는데, 놀아놓고서 스트레스받는 건 효율적이지 못한 일이다.

할 일을 적어두고는 미처 다하지 못하고 잠들어 버린 다음 날, 어제의 나를 타박하지 않기로 했다. '다 못했으면 어때. 어제 못한 거 오늘 해내면 되지.' 스스로에 대해 너그러운 마음을 가진다. 어제의 내가 못 한 일을 오늘의 내가 책임져 주는 마음으로 기분 좋게 밀린 일들을 한다. 물론 몸은 좀 고될지라도 마음은 움츠러들지 않는다.

바쁘게 사는 나의 모습도 좋지만 빈둥거리는 나도 조금은 사랑해 줬으면 좋겠다. 바쁘게 사는 매일이기에 가끔은 여유를 가지고 쉬어도 괜찮다. 하루 정도는 쉬고 머리를 비워야 또 새로운 것으로 채울 수 있다. 휴학하고 시간을 헛되이 쓸까 봐 걱정했는데, 지나고 보니 경험한 게 더 많고 해낸 일이 더 많은 시간이었다. 쉬고 있는 동안 그 여유로움이 낯설어서 스스로 불안했을 뿐이다. 생각해 보면 하루 쉬고 나서 다음 날부터는 또 열심히 할 일을 만들어 갔다. 그러니 잠시 쉬고 있는 자신을 너무 다그치지 않아도 된다. 오늘의 쉼이 내일 달려 나갈 힘이 될 테니까.

새로움을 채우기 위해선
적당한 비움이 필요하다.
마음에 여유가 들게
잠시 쉬어가도 된다.
다시 내일을 달려 나가기 위해.

용기가 필요한 순간들

대학교에 입학하고 처음 한 학기 동안은 친구들이랑 대부분의 시간을 함께하며 학교생활에 적응하느라 바빴다. 마음껏 놀기에는 용돈이 넉넉하지 못했다. 부모님께 손을 더 벌리기엔 죄송한 마음에 아르바이트를 해야겠다는 생각이 들었다. 아르바이트할 만한 곳을 알아보기 위해서 앱도 깔았는데 생각만큼 일자리를 구하는 게 쉽지 않았다. 학기 중이라 그런지 아르바이트생을 구한다는 공고가 드물었다. 대부분 가장 바쁜 시간대에 짧게만 일하는 피크타임만 자리가 있었다. 그마저도 출근하는 요일이 학교 시간표와 맞지 않았다. 학교 앞에 아기자기한 양식 가게나 카페에서 일하고 싶었는데 내가 원하는 곳은 사람을 구하지 않는 듯했다. 그래도 내가 일하게 될 곳인데 아무 곳이나 무작정 가기보다는 지원하기 전에 내가 일해보고 싶은 곳을 직접 찾기로 했다.

학교 앞에 내가 일하고 싶은 곳들에 직접 다니면서 구직활동을 했다. 똑똑똑 가게 문을 두드리고, 사장님께 "사장님 혹시 아르바이트생 구하시나요?" 여쭤봤다. 사실 처음에 돌아다닐 때는 약간 쑥스럽기도 하고, 이상하게 생각하는 거 아닌지 걱정했는데 대부분 환영해 주셨다. 구인할 생각이 있는 사장님과는 간단하게 면접을 보기도 하고, 그렇지 않은 곳은 인원이 더 필요할 때 연락 달라고 내 연락처를 남겨두고 왔다. 그 이후에 같이 일해보자고 연락해 주신 사장님 가게에서 아르바이트를 하게 되었다.

아마 아르바이트 구직 앱만 보고 있었으면 놓쳤을지도 모른다. 직접 찾아가서 먼저 '나'라는 사람에 대해 알리고, 눈도장을 찍은 덕분에 원하던 아르바이트를 할 수 있었다. 그 경험 덕분에 어떤 일을 할 때도 내가 꼭 하고 싶은 일이 있으면 주저하지 않고 직접 가서 문을 두드린다. 거절당한다고 하더라도 괜찮다. 몇 번의 거절이 완전한 실패는 아니다. 하고 싶은 일을 못 하게 막는 이유가 자신의 두려움이 되어서는 안 된다. 원하는 걸 이뤄내기 위해 가장 우선되어야 할 것은 용기다. 우리는 기필코 해낼 것이라는 믿음으로.

내가 나를 소중히 여기는 것부터

어른들이 이런 말을 종종 했다. 젊은 게 좋은 거다. 지금 잘 관리해야 한다. 자주 들었지만 깊게 생각하진 않았다. 무슨 말인지 와닿지 않아서 그랬다. 작년까지만 해도 옷을 사고, 귀여운 물건을 사는 등 외적인 것에만 신경 썼다. 먹고 싶은 것 위주로 먹고, 특별히 건강 관리에 관심을 가지지 않았다. 계속 그렇게 지내오고 있었는데 문득 내 몸에게 미안해졌다. 흔한 비타민도 먹지 않았고, 몸에 좋다는 걸 챙기지 않으며 지내고 있었던 게 새삼스러울 만큼 후회됐다. 아직 체력적으로 힘들다거나 그런 변화가 있는 건 아니지만, 나에게 너무 소홀했나 싶은 생각이 들었다.

엄마가 건강은 어렸을 때부터 관리해야 한다고 여러 번 말해줬는데, 늘 다음으로 미루고만 있었다. 체감되는 건강의 변화가 없으니 일단 일이 먼저였다. 조금 무리해서라도 할 일부터 끝내고, 시간이 많이 들지 않는 간단한 음식 위주로 먹고 지냈다. 주로 냉동식품이나 간편 조리 식품이 내 식사의 대부분이었다. 나는 왜 나를 아끼지 않았을까.

당장 효과가 나타나는 건 아니더라도 생각날 때마다 습관들을 하나씩 바꿔가기로 했다. 일단 엄마가 전에 챙겨줬던 영양제를 싱크대 수납장 깊은 곳에서 꺼냈다. 유통기한이 얼마 남지 않았지만 새로운 걸 사지 말고 우선 있는 거부터 먹기로 했다. 장을 볼 때도 냉동식품이긴 하지만, 탄수화물이 이왕이면 적고 단백질 함량이 높고 나트륨 지수도 낮은 걸 골라서 구매했다. 정말 사소한 생활 습관도 고치려고 애쓰고 있다. 다리를 최대한 안 꼬려고 노력하는 중이다. 또 평소에 아무 로션이나 바디워시, 샴푸 헤어 제품 등을 썼었다. 뭐가 좋은 건지도 몰랐고 그냥 다 고만고만할 것 같아서 저렴한 제품을 주로 사용했다. 요즘은 성분도 따져보고, 먼저 사용해 본 사람들의 후기를 토대로 제품을 고르고 새로운 걸 사용한다.

 아직 내 몸이 크게 개선되었다는 느낌은 못 받았다. 그래도 기분은 참 좋다. 내가 나를 존중하고 잘 돌봐주고 있는 것 같아서 잠자리에 들기 전 뿌듯함이 차오른다. 가장 소중한 존재는 '나'라고 하면서 다른 것들을 우선순위로 살아갔던 건지 모르겠다. 누군가를 세심하게 신경 쓰고 챙겨주듯 나를 챙겨주며 살아가기로 했다. 조금은 귀찮고 번거로울지라도 내가 가장 아껴줘야 하는 사람은 나니까.

오염된 말에 마음이 다치지 않도록

 이유 없는 사랑을 주는 사람이 있듯이 이유 없이 날 미워하는 사람도 있다. 모든 사람에게 사랑받고 싶은 건 욕심이다. 그걸 알지만 솔직한 심정으로 미움이 아닌 사랑만 받고 싶을 때도 있다. 유튜브를 하게 되면서 인터넷상에서 떠도는 나에 관한 구설수와 악플을 보고 듣는 게 썩 기분 좋은 일은 아니다. 처음이야 마음이 많이 다치기도 했고, 속상해했지만, 지금은 휘둘리진 않는다. 그런 불필요한 말들에 감정이 다치고 싶지 않다. '어차피 앞에서는 말하지도 못하면서 지나가는 사람을 그토록 미워할까'라고 생각한다. 그래서 이유 없는 미움이 무섭지만은 않다. 나를 진심으로 좋아해 주는 분들의 예쁜 마음이 담긴 말들이 훨씬 많기 때문이다. 애정이 담긴 응원의 말들이 나에게 주는 든든함이 너무나 커서 간혹 나타나는 악플에 그다지 시선을 뺏기지 않고 넘어갈 수 있게 됐다.

처음부터 내가 사람들의 말에 담담한 성격은 아니었다. 어릴 때는 친구들 사이에서 내 이야기가 오르내리는 게 무엇보다 무섭고 두려웠었다. 초등학교, 중학교, 고등학교, 대학교까지 학교라는 울타리는 내게 얽히고설켜 있는 공간이었다. 학교라는 그곳이 내 삶의 전부인 것 같았다. 성인이 되고 난 지금 몇 발자국 떨어져서 바라보니 학교는 인생을 살아오는 과정에서 지극히 일부라는 걸 이제야 알았다. 주변의 잡음에 크게 상심하고 휘둘렸던 지난날들이 있었지만 후회하지 않는다. 그때 앓았던 만큼 나는 더 단단해졌다. 그 시간을 잘 버텨온 내가 대견하고, 잘 이겨냈음에 기특하다. 사람들의 말에 관해서 크고 작은 일들을 겪어보면서 느낀 게 있었다. 온기를 품은 좋은 말은 감사함으로 흡수하고, 가시가 돋친 나쁜 말은 거르고 걸러서 들어야 한다는 것이다. 따뜻하고 예쁜 말을 서로 주고받기만 해도 충분하다. 아무런 이유도 없고, 영양가도 없는 단순한 비방에 더는 상처받고 싶지 않다.

잡음은 어디에서나 들려온다. 이제 그런 잡음에 무관심으로 대응한다. 쓸데없는 잡음을 못 들어서가 아니라, '굳이' 그걸 집중해서 들어줄 필요가 없어서다. 또렷하고 명랑한 소리가 아니라 지저분한 잡음에 일일이 대응하는 시간과 감정이 아깝다는 걸 알고 있다. 사실이 아닌 이야기를 마치 기정사실인 것처럼 몰아가는 허황된 말들은 금세 힘을 잃고 만다. 거짓은 절대 사실을 이길 수 없다. 탁하고 오염된 말에 마음이 다치지 않아야 한다. 내 삶이 타인의 말 몇 마디에 좌우되어서는 안 되는 법이다.

들리는 말들이 날카로울수록
자신에게 집중하면 된다.
모든 말에 귀 기울이지 말고
가볍게 살아도 된다.

얼마든지 극복할 수 있어요

밤을 새워 버린 날 아침에 날씨를 확인할 겸 TV를 켰는데 '세상에 이런 일이'라는 프로그램이 방영되고 있었다. 채널을 돌리다 우연히 본 제목이 '불사조 할아버지'였다. 나도 모르게 홀린 듯이 보게 되었다.

그 이야기의 주인공은 강용희 할아버지였다. 암이라는 무겁고 힘든 질병을 여섯 번이나 겪고, 여러 차례 병마와 사고를 이겨내신 할아버지다. 병원에서는 수술을 받아도 가망이 없다고 했지만, 정말 불사조처럼 죽음의 문턱에서 부활한 것이다. 제일 처음 암을 진단받았을 때는 여생이 얼마 남지 않았다는 이야기를 들으셨다고 한다. 하지만,

많은 병고를 겪고도 건강을 되찾아, 정정하신 모습으로 팔순 잔치를 하는 모습도 나왔다.

"앞으로 어떤 병이 찾아오더라도, 늘 그랬듯 얼마든지 극복할 수 있어요."

이렇게 말씀하셨다. 이 말이 참 멋있었다. 분명 무섭고 힘든 순간도 있으셨을 테지만. 한 번 두 번 이겨내며 할 수 있다는 마음이 굳건하신 게 느껴졌다.

할아버지는 스스로 병을 이겨내고, 건강을 회복한 데에는 비결이 있다고 말씀하셨다. 가장 먼저 긍정적인 마음가짐이었다. 스트레스를 최대한 받지 않고, 스스로 암 환자라고 생각하지 않았다고 한다. 자신이 아프다는 생각을 일부러 하지 않고, 평소와 똑같이 생활하고 건강한 생각을 반복하면서 단단한 마음을 만드신 것 같다. 또 다른 비결은 무엇이든 잘 이겨낼 수 있을 거라는 믿음을 가졌다고 했다. 내가 나를 믿는다는 게 쉬운 일이 아니다. 절망의 끝자락에서도 자신을 믿은 할아버지의 마음가짐이 기적을 만들어 낸 게 아닐까. 이 이야기를 보면서 나도 할아버지처럼 강인한 긍정적인 마음을 갖고 싶어졌다.

모든 상황에서 긍정적으로 생각하는 건 누구나 어렵다. 당장 나에게 좋지 않은 일이 생겼다면 걱정부터 하게 되고, 앞으로의 미래에 대한 두려움에 우선 떨게 된다. 최악의 상황에서 내가 이것을 잘 헤쳐 나갈 수 있다는 믿음을 갖기란 정말 어렵다. 나도 가끔 너무 답답하고 감당하기에 어려운 외부적인 요인이 있을 때면 마음이 너무 힘들었다. 무엇을 어떻게 해야 할지 엄두가 안 났다. 계속 주저앉아 있을 수가 없어서 겨우 일어나곤 했었다.

예상하지 못했던 슬픔이나 힘듦이 찾아올 때면, 나 자신에게 주문을 외운다. '나는 김가영이니까 할 수 있다.' 그 누구도 도움을 줄 수 없지만, 내 일은 결국 내가 해결하고야 말 것이라는 믿음을 나에게 주기 위해서다. 그리고 나를 믿는다. 나는 생각보다 강한 사람이라는 걸 지금껏 스스로 지켜봐 왔기에 알고 있다. 나를 힘들게 한 일도 지나갔고, 무너져 힘들어했던 어제의 나도 괜찮아졌을 거라고 나에게 위로를 건넨다.

오늘의 당신은 어제보다 더 멋진 사람이다. 긍정적인 생각과 말들이 가진 힘은 존재한다. 무슨 일이든지 이겨낼 수 있는 단단한 사람이 될 것이다. 늘 맑은 날만 있지 않다는 걸 안다. 세찬 폭풍우에 넘어지더라도 꼭 다시 일어날 수 있는 사람이 바로 당신이다.

나만의 응원법

　우리 아빠는 도서관에 자주 간다. 주말에 내가 늦잠을 잘 때면 혼자 도서관에 가서 한참 머무르다 온다. 책을 읽기도 하고, 책을 여러 권 빌려오기도 한다. 항상 거실의 책상 위에는 아빠가 빌려온 책이 두 권쯤 올려져 있다. 어느 날 거실에 놓인 책을 보는데, 평소와 다르게 무슨 책인지 궁금했다. 아빠한테 책을 왜 읽는지, 책을 통해서 어떤 점을 배우는지 물어봤다.

　"글쎄. 꼭 책을 읽으면서 무언가를 배우려고 한다던가, 정답을 찾으려고 할 필요는 없지 않을까? 책은 저자의 경험이 들어있는 거잖니. 다른 사람은 어떤 경험을 했는지 느끼면 충분한 것 같아."

책을 자주 읽는 편이 아니었던 나에게 아빠의 대답은 갖고 있던 생각을 변화시켰다. 내 경험이 누군가에게 도움이 되었으면 싶었다. 어설픈 경험도 행복했던 경험도 모두 어떤 사람에게는 다양한 느낌으로 전해질 수 있지 않을까. 거창한 글을 쓴다는 느낌보다는 내 경험이 담긴 이야기를 쓰고 싶어졌다. 용기를 내서 책을 쓰기로 했다. 평범한 사람인 나도 해냈으니 당신도 할 수 있다고, 나는 이런 실패를 겪었지만 당신은 피해 가라고 응원의 마음을 담은 글을 쓰기 시작했다.

 작가로서의 경험이 없어서, 나는 멋진 해답을 주는 글을 쓰는 게 어렵고 어색하다. 아직 내 삶의 길을 찾고 있고, 그 안에서 부지런히 걸어가고 있는 내가, 마치 모든 길을 다 알고 있는 것처럼 말하고 싶지는 않다. 정답을 찾아줄 수는 없지만 정답을 찾아가는 과정에서 지치지 않을 힘을 주는 글을 쓰고 싶다. 작은 실수에 함부로 마음 상하지 않았으면 싶고, 웃고 넘어가도 될 일에 잔뜩 찡그리지 않았으면 싶다.

나에게 글을 쓴다는 건 단순히 글자를 쓰는 게 아니라, 내 마음을 종이에 담는 일이다. 어떤 삶의 모양이라 하더라도 당신이 틀린 게 아니라고 마음을 담아본다. 내가 울고 웃었던 이야기들을 이곳에 써 내려간다. 이것이 나의 응원법이다.

답을 찾아줄 수는 없지만 정답을 찾아가는 과정에서
지치지 않을 힘을 주는 말을 전하고 싶어요.

작은 실수에 함부로 마음 상하지 않았으면 싶고,
웃고 넘어가도 될 일에 잔뜩 찡그리지 않았으면 해요.

내가 왜 왕따를 당해야 했을까

언제 이런 이야기를 들었던 적이 있었다. 어렸을 때 딱히 힘든 적도 없었을 것 같고, 늘 즐겁기만 했을 것 같다고. 물론 즐거웠던 기억이 더 많지만, 마냥 행복한 기억만 있는 건 아니다. 초등학교 5학년 때 처음으로 왕따를 당했었다. '왜 나에게 이런 일이 일어난 거지?' 어린 나이에 갑작스러운 친구들의 따돌림은 충격이었다. 그 후로도 중학교, 고등학교 때까지 따돌림과 친구들 사이에서의 크고 작은 멀어짐이 때때로 있었다. 내가 왜 그런 상황에 처해야 하는지 이유조차 모른 채, 울적한 시간은 흘러갔었다. 친구들에게 가까이 다가가려고 노력할수록 멀어지는 기분이었다.

왕따의 이유는 어이없을 만큼 별일이 아니었다. 교실에서 친구들과 술래잡기하면서 놀고 있었다. 내 바로 앞에 있던 친구가 다른 친구의 가방에 걸려서 혼자 넘어진 것이다. 나는 그 친구가 다쳤을까 봐 달려가 괜찮냐고 물어봤다. 그렇게 가벼운 해프닝으로만 생각하고 넘어갔었다. 그런데 그 일이 있고 난 후의 친구들의 태도가 달라져 있었다. 넘어진 친구는 내가 본인의 발을 걸어서 넘어지게 된 것이라며 소문을 내고 다녔다. 뒤에 있던 내가 발을 걸 수도 없었고, 발을 걸 이유도 없었다. 아무리 내가 그런 게 아니라고 말해도 소용없었다. 열두 살의 아이들은 어렸고, 어린 만큼 말에 쉽게 휘둘렸고, 자기들이 만들어 낸 상황만 사실로 치부하기 시작했다. 유감스럽게도 어린 열두 살들은 생각만큼 순진하지 않았고 어떻게 하면 사람을 속상하게 하는지 잘 알고 있었다.

어느 시점 이후부터는 내가 말을 건네도 뒤돌아서거나 피하려고 했다. 다시 전처럼 돌아가고 싶었던 나의 의지는 완전히 꺾일 수밖에 없었다. 시간이 점점 지나면서 완전히 내가 없는 사람인 것처럼 행동하기 시작했다. 수많은 친구들 사이에서 나는 투명 인간이었다. 아무도 나에게 말을 걸지 않았다. 내가 어떤 말을 해도, 어떤 행동을 해도 그들의 귀에는 들리지도 않았고 눈에는 보이지도 않는 것 같았다.

 학생인 나에게 학교는 온 세상이었다. 세상에 나 혼자만 있는 것 같아서 외로웠다. '외로움이란 단어가 이런 것이구나'를 너무 어린 나이에 느껴야 했다. 혼자 등하교를 하면서 친구들과 장난치며 가는 또래 애들의 모습을 부럽게 바라보기만 했다. 어느 날은 점심을 같이 먹을 친구가 없어서 굶을 수밖에 없었다. '내가 뭘 잘못했기에 이렇게 된 거지?' 이 질문이 자꾸 머릿속을 맴돌았다. 이제 와서 생각해 보면 잘못한 게 없는 피해자인 내가 내 잘못을 찾으려 애썼던 나의 시간이 안타깝기만 하다.

 지금 어딘가에서 외로운 싸움을 하고 있을지도 모르는 친구에게 포기하지 말라고 말해주고 싶다. 나도 정말 힘들었기에 그 어떤 말도 위로가 되지 않고, 오히려 더 혼란스럽고 아프다는 걸 안다. 그래도 그 상황에서 모든 걸 포기하기엔, 앞으로 펼쳐질 더 넓은 세상이 있고, 재밌고 좋은 일들이 훨씬 많다는 걸 꼭 알았으면 좋겠다. 꽤 긴 시간 동안 왕따로 인해 아팠던 나도 이렇게 씩씩하게 잘 살아가고 있다. 그 시절 학교가 내 삶의 전부였지만, 막상 세상으로 나와보면 학교와 비교조차 되지 않는 넓은 세상임을 알게 될 것이다. 넓은 세상에서 좋은 사람들과 웃으며 지낼 자신임을 잊지 않아야 한다. 결국 모든 건 다 지나가고 기필코 행복해지고 말테니까.

외로움과 싸우고 있다면
내가 그 손을 꼭 잡아줄게요.
모든 건 다 지나가요.
함부로 울지 말아요.
당신은 기필코 행복해지고 말 테니까.

늘 너의 편이 되어줄게

"최선을 다한 당신이 너무 멋져요"

🌿

　그날은 〈가요이 키우기〉 채널이 아닌 다른 채널의 콘텐츠를 촬영하는 날이었다. 새로운 촬영장에서 첫 촬영을 하게 된 날이라서 나도 모르게 긴장감이 맴돌았다. 촬영하는 중간중간 특정한 말을 언급해달라고 요청받았다. 게스트에게 질문도 좀 더 많이 하고, 이야기를 이끌어야 한다고 그랬다. 많은 스태프분이 고생하고 계시는데, 내가 더 잘해야 한다는 부담감이 자꾸만 생겼다. 그 탓에 하고 싶은 말과 행동보다는 요청 사항에만 자꾸 신경 쓰게 되었다. 긴장이라도 덜 했으면 더 재밌게 풀어나갔을 텐데, 긴장감까지 점점 차올라서 경직되는 느낌이었다.

촬영장에 오기 전에 열심히 공부하고, 준비해 왔는데, 지금 잘하고 있는 건지 점차 확신이 없어졌다. 이렇게 말하고 행동하면 되는 건지 헛갈렸다. 촬영이 다 끝나고 마냥 뿌듯하지만은 않았다. 솔직히 조금은 속상했다. 더 잘할 수 있었을 거라는 아쉬움이 자꾸 나를 뒤돌아보게 했다. 어떤 게 부족했을까, 뭐가 문제였을까 끊임없는 질문이 맴돌았다.

집에 도착해서 거울을 보는데 어딘지 모르게 풀이 죽어있는 내가 보였다.
"그래도 나 오늘 최선을 다했어. 충분히 멋있었어."
내가 가장 듣고 싶었던 말을 거울 속의 나에게 말해줬다. 그러자 집에 오는 길 내내 혼자서 앓았던 고민이 풀어지면서 오늘 하루에 대한 아쉬움이 싹 날아갔다.

평소와 다름없는 하루였는데 유달리 힘든 날이 있다. 열심히 노력했는데 잘 풀리지 않는 일들이 자신을 위축되게 만들지 모른다. 잘했다, 못했다 두 가지의 선택지만 놓고 그날 하루를 맘대로 평가해 버린다. 사실 언제나처럼 열심히 살았던 하루였을 텐데 '오늘 하루는 엉망이었어. 난 대체 잘하는 게 뭘까' 이런 마음으로 스스로 타박한다. 적어도 자신만큼은 하루에 대해 평가하는 사람이 되어서는 안 된다. 뜻대로 풀리진 않았어도 포기하지 않고 노력했던 본인의 마음을 알아줘야 하는 사람이다. 혹시라도 아쉽고 미련이 남은 하루를 보냈다면 말해주고 싶다.

"최선을 다한 당신이 너무 멋져요."

부모님의 남은 기억에게

자취하기 시작하면서부터 점점 부모님에 대한 애틋함이 커지는 것 같다. 사실 나는 부모님의 진심 어린 말들과 조언까지도 모두 잔소리로만 들었던 시절이 있었다. 엄마 아빠가 걱정으로 했던 말을 듣고서 투정 부렸던 적도 있고, 잔소리에 벗어나고 싶다고 생각하기도 했다. 대학교에 입학하면서 고향과 떨어진 곳에서 혼자 지내는 시간이 길어지자, 가족에 대한 그리움과 사랑이 더 깊어졌다.

어렸을 때는 가족과 함께하는 시간의 소중함을 잘 알지 못했다. 늘 부모님과 함께해왔으니까 친구가 좋았고, 시간만 있으면 친구를 보러 나가곤 했었다. 엄마 아빠와 함께하는 시간이 내일도 모레도 계속될 거라고만 생각했었다.

그러다가 자취를 한 지 1년 정도 지났을 때, 오랜만에 고향에 갔었다. 다시 올라오기 위해 버스터미널에서 부모님과 기다리고 있는데 갑자기 눈물이 툭 떨어졌다. 편도 4시간이 걸리는 우리 집은 마음만 먹으면 언제든지 갈 수 있는 곳이지만, 그날은 유난히 마음 한구석이 뭉클했다. 그날 이후로 고향에 자주 가지는 못하더라도 매일 하루에 한 번씩 전화를 드린다. 오늘 우리 엄마 아빠는 어떤 하루를 보냈는지, 어떤 일로 웃었는지 소소한 하루를 공유하는 건 내가 가장 좋아하는 시간이 됐다.

어릴 적부터 나를 사랑으로 키워주신 부모님이다. 이곳저곳 많이 데려가 주시면서 다정하고 따뜻한 기억을 꽉 채워주셨다. 그런 부모님 덕분에 오늘날의 내가 있다는 걸 잘 알고 있다. 그래서 그런지 요즘은 좋은 걸 보거나 맛있는 걸 먹을 때면 자연스럽게 부모님이 생각난다. 전에 고흥으로 촬영하러 가서 장어구이를 먹었을 때, 문득 아빠가 생각났다. '우리 아빠도 장어를 좋아하는데…. 엄마 아빠랑 꼭 다시 와 봐야지.' 싶었다. 언젠가 갔었던 자동차 서킷장에서 금방 재미를 붙이는 내 모습을 느끼고선 아빠가

보고 싶었다. 서킷에서 빠른 속도로 운전하는 건 우리 아빠도 분명 좋아할 게 보여서 혼자만 하는 게 괜스레 아쉬웠다.

새로운 장소, 특별한 곳에 가면 '소녀 같은 우리 엄마도 진짜 좋아할 텐데', '소년 같은 우리 아빠도 신나 할 텐데'라는 생각으로 마음이 자주 시큰해진다. 엄마랑 전화할 때 이런저런 이야기를 하다 보면 엄마가 '그게 뭐야?'하고 물어볼 때가 있다. 그 말을 들으면 한없이 미안할 때가 많다. 나에게는 익숙해져서 특별하게 생각하지 않았던 것이지만 우리 엄마도 봤다면, 이걸 처음 봤던 나처럼 신기하고 좋아했을 모습이 상상된다. 신기한 것 투성이였던 어린 나를 사랑으로 채워주셨던 것처럼 나도 부모님의 남은 기억을 행복으로 종종 채워드리고 싶다. 먼 훗날 되돌아봤을 때 나와 함께한 기억으로 가득하도록.

괜스레 생겨나는 두려움에 지지 않았으면 해요

🌿

　뭐든 처음 해보는 건 설레고, 부담감이 묵직하다. 첫 웹드라마 촬영도 그랬다. 정말 꿈꿔왔던 순간이었는데도 배우님이라는 호칭이 너무 간지럽고, 내 옷이 아닌 듯 어색했다. 촬영장에 도착하기 전에 수십 번 대본을 읽고, 연습하고 외웠는데도 여러 대의 카메라가 가득한 촬영장에 도착하자 걱정이 시작됐다. 실수하면 어떡하지? 대사 안 잊어버리겠지? 가슴이 두근거리기 시작했다. 부담감은 내가 만들어 낸 무게였다. 그 누구도 뭐라고 하지 않는데도 자꾸만 '내가 잘하고 있는 걸까?' 하는 질문이 머릿속에 가득했다. 대사를 내가 느끼는 감정으로 말하는 게 맞는 건지. 또 감정은 어느 정도 표현해야 하는지. 표정은 어떻게 짓는 게 좋을지. 아무리 연습해 왔어도 막상 카메라 앞에 서자 잘하고 있는 건지 불안했다.

내 연기가 틀렸을까 봐 무서웠고, 사람들의 기대에 미치지 않을 것 같아서 걱정되기도 했었다. 많은 사람이 함께 만들어 가는 결과물인 만큼 내가 잘 해내야 한다는 마음이 컸다. 잘하고자 마음먹을수록 부담감도 커졌다. 부담감이 자라날 때마다 내가 위축되는 것 같았다. '괜히 연기자가 되고 싶다는 꿈을 꾼 걸까' 말도 안 되는 후회가 들 만큼 마음이 복잡하고 어려웠다. 그럴수록 마음을 단단히 먹고 좋은 결과물을 위해 노력하고 싶었다. 시선을 받고, 기대감을 받는 것이 부담이 아니라 나의 가능성에 대한 응원으로 받아들이기로 했다.

현장에서 받은 조언은 다음 촬영 때 보완하여 같은 실수는 반복하지 않으려 주의했다. 잘 모르는 것은 감독님께 자주 여쭤봤다. 불안감을 버리고 나를 믿어갔다. 감정, 마음, 생각, 발음, 표정, 모든 것들이 차츰 나의 언어로 익혀지기 시작했다. 하나의 작품을 위해서 최선을 다하는 스태프들의 열정에 나의 노력과 열정도 섞여냈다. 그러면서 촬영하는 시간에 긴장감이나 두려움 같은 감정은 사라지고 즐거움과 설렘으로 가득 채워나갔다.

처음부터 다 잘할 수는 없지만, 처음이어도 최선을 다해 볼 수는 있다. 모든 걸 실수 없이 완벽하게 하지 않아도 괜찮다. 실수를 부끄러워하지 말고, 다음을 기대하며 성장하면 된다. 더 나아질 자기 모습을 상상하면 그만큼 성장해 있을 것이다. 괜스레 생겨나는 두려움에 지지 않았으면 좋겠다. 당당하게 해낼 것이라는 자신감만큼 굳센 건 없으니까.

"괜스레 생겨나는 두려움에 지지 말아요."

"더 좋아질 거야"

내 편이라 믿었던 사람이 등을 돌려 떠나기도 했고
남이라고 생각했던 사람이 두 팔 벌려 안아주기도 했다.

담담하지도 덤덤하지도 못했던
나의 어린 날들을 떠올린다.
다 그렇게 괜찮아지는 것이라고
한 번쯤 누구나 겪고 가는 성장통이라고
조금은 더 어른이 된 지금의 내가
그때의 나에게 위로를 건넨다.
"다 괜찮아질 거야."
"더 좋아질 거야."

선택하는 연습

선택은 언제나 어렵다. 사소한 일이라도 선택해야 하는 상황이 오면 머릿속에 수많은 경우의 수가 떠오른다. '내가 한 선택이 틀리면 어떻게 하지' 같은 질문부터 '어떤 선택이 가장 최선일까'에 대해 점점 더 깊은 고민 속으로 빠지게 된다.

하루에도 몇 번씩 찾아오는 선택의 순간마다 머뭇거리고 과도한 고민을 하는 나에게 지쳐버렸다. 선택하는 연습을 해보기로 했다. 내가 하고 싶은 건 뭔지, 지금 마음 가는 건 무엇인지를 먼저 떠올려 봤다. 다른 상황들을 다 제

쳐두고 내 마음부터 잘 들여다보면 가장 원하는 한 가지가 있었다. 이상하게도 명확하게 원하는 한 가지가 있어도 그걸 최종 결정으로 선택하는 단계에서 머뭇거렸다. 나중의 내가 후회할까 봐 걱정됐다. 지금의 나는 이걸 선택하고 싶어도 시간이 지난 후의 내가 '그때 그러지 말걸' 자책할까 봐 결정하지 못했다.

후회 없는 선택이 있을까. 문득 이런 생각이 들었다. 갈림길에서 왼쪽으로 갔다면 가지 않은 오른쪽 길이 자꾸 마음에 걸렸을 테고, 차라리 오른쪽으로 가볼 걸 그랬다며 후회하는 건 어쩔 수 없는 일 같았다. 너무 나중까지 생각하지 않고, 제일 먼저 하고 싶었던 마음의 소리가 알려주는 대로 선택하기로 했다. 가장 원하고 설레는 것이 바로 내 선택이다. 생각을 바꾸고 나서 사람들로부터 넌 물 흐르듯이 사는 거 같다는 말을 듣는다. 진정으로 하고 싶은 일은 빠르게 결정하고 마음이 시키는 대로 열정적으로 나아간다. 물론 내 모든 선택이 어떤 방향으로 나를 이끌어줄지는 아직 모른다. 하지만 내가 직접 한 선택이기에, 스스로 잘 헤쳐 나갈 것이다.

지금까지 많은 선택을 해왔다. 내게 온 기회들을 잡을지 말지 결정했고, 내가 걸어오던 길을 등지고 새로운 길을 나아가기로 마음먹기도 했다. 물론 후회한 적도 있었다. 그렇다고 앞으로의 결정이 걱정되지는 않는다. 지난 선택들 덕분에 많은 것을 배웠고 그만큼 성장했기 때문이다. 어떤 선택도 틀린 건 없다. 삶은 선택의 연속이라고 한다. 어쩌면 삶은 내가 가장 좋아하고 잘할 수 있는 게 무엇인지 알아가는 여행이 아닐까.

다른 길로 가보는 것도

두 달 만에 버스를 타고 창원에 가는 중이었다. 버스를 타고 가면서 창밖을 보는 걸 좋아해서 이번에도 창가 자리를 예매해서 앉아있었다. 일상에서 벗어나 오로지 나에게 집중할 수 있는 버스 안에서의 4시간은 정말 소중하다. 나에 대해 돌아보기에 충분한 시간이다. 그동안 나중에 결정하자며 미루기만 했던 고민을 살필 수 있다.

왼쪽 창가 자리에 앉아있었다. 왼쪽 창문만 바라보다가 갑자기 오른쪽 창문이 눈에 들어왔다. 내가 보고 있던 풍경이랑 비슷한 듯 또 다른 멋이 있었다. 잔잔한 저수지도 보였고, 기찻길도 있었다. 내게 가깝고 닿기 쉬운 왼편만 보고 있었다면 이 멋진 자연을 못 보고 지나쳤다고 생각하니 섭섭했다. 문득 나의 삶에서도 한쪽만 보느라 이렇게 무심코 지나친 일들이 많겠다는 생각이 들었다. 열심히 즐기면서 보냈다고 생각했는데 내게 잘 보이는 것들을 먼저 바라봤던 건 아닌지 싶었다.

세상을 바라보는 방법도 살아가야 하는 방향도 정해져 있지는 않다. 내가 어디에 초점을 두느냐에 따라 달라진다. 더 넓은 세상을 보는 것도, 다른 방향으로 발걸음을 옮기는 것도 얼마나 큰 용기와 모험심이 필요한지 안다. 그래도 한 번 더 용기를 내보기로 했다. 한 방향만 보고 달려가다 보면 지금의 내 모습에 안주하게 될지도 모른다. 이제껏 발견하지 못한 다른 것을 기대하고, 찾아가고 싶어졌다.

지금껏 내 인생에서 달려왔던 길도 처음엔 생각하지 못한 길이었다. 가다 보니 내가 알지 못했던 풍경들을 발견했고, 미래를 꿈꾸기 시작했다. 앞으로 걸어갈 길을 찾을 때, 고개를 돌려 다른 방향의 길도 가보고 싶다. 생각했던 길만이 완벽한 정답이 아닐 수 있다. 가끔은 멀리도 보고, 다른 방향을 살펴볼 필요도 있다. 새로운 길로 가보는 것도 나를 찾아가는 과정이지 틀린 게 아니다. 어디에서 무얼 하더라도 '나'라는 존재는 끊임없이 나아가고 있을 테니.

그래도 나답게

나는 사람들 사이에서 조심성이 많다. 어떤 말이나 행동을 하기 전에 '이 말을 해도 되나?' '상대방이 상처받으면 어떡하지?' 같은 생각들이 먼저 떠오른다. 이런 생각들을 조금 잠재워도 될 텐데 쉽지 않았다. 나보다 다른 사람을 더욱 신경 쓰게 되면서 내 모습이 달라지는 것 같았다. 하고 싶은 말을 하지 못한 채 지나쳤고, 내 생각을 말하는 게 점점 더 어려워졌다.

의견을 말하는 것보다 남의 생각을 먼저 들어주고, 그 말에 동의하는 게 예의 바르고 옳은 행동이라고 생각했다. 물론 그게 다정한 일인 것은 분명하지만, 세상은 마냥 다정함으로 마무리되지 않았다. 언젠가부터 유감스럽게도 나는 남들에게 당연히 의견이 없는 사람이 되어 있었다.

 조심성이 많은 사람일 뿐이지 소심하고 소극적이라서 무시해도 되는 사람이고 싶지는 않았다. 그때부터는 잘 들어주는 만큼 내 생각도 잘 이야기할 줄 아는 사람으로 지내려 노력했다. 꼭 정답만을 찾아서 말하려고 하지 않았다. 내 생각을 편안하게 말하는 것부터 시작했다. 갖고 있는 의견이 받아들여질지 무시당할지 걱정하는 것은 나중에 하고, 일단 먼저 제안하는 습관을 들였다. 그러면서 점차 내가 생각하는 바를 전달하는 것 자체가 소중하고 중요하다는 걸 깨달았다. 그렇게 나에 관련된 것들에 관해서는 내가 주축이 돼서 능동적으로 시간을 쓰게 되었다. 나에게 주어진 순간들을 내가 이끌어가면서 일상의 온도도 다르게 느껴졌다.

어디에서든지 타인에게 내 의견을 말하는 건 용기가 필요하다. 다른 사람이 날 어떻게 생각할까? 이렇게 해도 될까? 괜찮을까? 같은 걱정들을 조금 내려놓아도 좋다. 너무 과한 걱정들 때문에 정작 나다움을 잃게 될지도 모른다. 머릿속의 생각들, 하고 싶었던 말들을 혼자 쌓아놓지만 말고 조금씩 꺼내도 된다. 남에게 맞춰진 '나'의 모습이 아니라, 진짜 나다운 모습을 찾아가는 과정에서 오래 헤매지 않았으면 좋겠다. 지금 이 글을 보고 있는 당신도 당신이기에 매력이 있는 멋진 사람이다. 가끔 힐끔힐끔 눈치도 보고, 때론 방황하기도 하겠지만 우리 모두 나답게 지내자. "우리 모두 므찌네~"

하루 끝에서 우리에게 필요한 것

한 해의 초입이면 새 다이어리를 산다. 아침마다 하루 계획을 세우기도 하고, 늦은 저녁쯤에는 그날의 기분과 표정을 담아놓는다. 계획하고, 일기를 쓴다는 건 삶을 보다 더 단단하게 일궈내는 과정이다.

가끔은 다이어리에 적어놓은 계획의 절반도 이루지 못한 날도 있다. 예전에는 계획이 지나치게 거창한 건지, 내가 느린 사람인 건지 혼자서 고민했던 적이 있었다. 지금의 나는 하루의 계획을 다 이루지 못했다고 해서 자책하지 않는다. 오늘 조금 뒤처졌다면, 내일 더 빠릿빠릿하게 살아가면 된다는 걸 안다. 하지 못한 것보다 해낸 것에게 시선을 집중하려 한다. 그러면 정해진 시간 동안 부지런히 지낸 내가 기특하게 느껴진다.

하루는 꽤 긴 것 같지만, 막상 지내보면 짧은 시간이다. 예상했던 것과 전혀 다른 방향으로 흘러가기도 하고, 계획을 틀어지게 만드는 변수들도 불쑥 나타나기도 한다. 모든 것을 미리 대비하며 살아갈 수는 없다. 하루 끝에서 우리에게 필요한 것은 '오늘 이것밖에 하지 못했어.' 같은 자책이 아니라 최선을 다해 하루를 보냈다는 만족감이다. 잘 해내 왔고, 앞으로도 잘 해낼 것이다. 옹골찬 나날을 만들어 내는 자신을 더 응원해 주고 아껴줬으면 좋겠다. 하고 싶은 걸 해내는 삶을 살아갈 모두를 응원한다.

| 제목: | **오늘도 수고했어** | | | | 날씨 | ☁ |

	재	밌	는		날	도		소
소	한		일	상	도		모	두
내		시	간	이	다	.		보
람	차	게		채	워	야	지	!

삶은 선물 상자에요.
어떤 기쁨이 들어있을지
얼마나 소중한 순간이 올지
마음껏 설레하고
마음껏 기대하세요.
누구보다 잘 해낼 우리잖아요.

어떤 변화라도 괜찮아요!

4부

작은 행복

　차가 막혀있는 도로 위에서 꽤 오래 머물렀던 적이 있었다. 내가 있는 차선과 반대편 차선까지도 촘촘히 헤드라이트 불빛이 반짝였다. 차가 막혀있는 탓에 집에 도착하려면 한참 걸릴 것 같았지만 괜찮았다. 마음이 평온해지는 반짝이는 불빛들을 봤으니 그걸로도 나름 행복해졌다.

　인생에서 다시 오지 않을 시간을 이왕이면 예쁜 색으로 물들이며 살고 싶다. 짜증 나는 일도 생길 테고, 울컥 화가 나는 일도 일어나겠지만, 그 안에서 먼저 벗어나 웃음 지을 수 있는 일을 찾아내려 노력한다. 감정을 울퉁불퉁하게 만들면 정작 나만 힘들어진다는 걸 안다.

인지하지 못할 뿐이지 살아가면서 작고 소중한 일상의 행복들을 많이 그리고 자주 마주한다. 느껴지는 행복이 있다면 마음속으로만 담아두지 말고 슬며시 미소 지었으면 좋겠다. 작은 행복들이 모여 당신의 온 하루를 행복으로 물들일 수 있도록.

열심히 행복해야지

백령도에 갔다가 다시 육지인 인천항으로 돌아가는 배 안이었다. 오랜만에 배를 오랜 시간 타니까 아주 먼 여행을 떠나는 기분이었다. 주변에 아무것도 없는 바다 한가운데에 떠 있는 배 위에서 하늘을 올려다봤다. 끝이 안 보이는 바다의 끝에 하늘이 맞닿아 있었다. 푸르른 수평선을 바라보며 새삼스럽게 세상이 무척이나 크다고 생각했다. 이렇게나 넓은 세상에서 나는 참 자그마한 존재임을 한 번 더 느낄 수 있었다.

지구 밖에서 나를 본다면 미세하게 보이는 자그마한 점일 것이다. 그런 내가 아등바등 열심히 사는 것처럼 보일 텐데, 무엇을 위해 부지런히 살아가는 걸까. 아마 나는 열심히 행복하기 위해서 사는 것 같다. 아직은 성공이 무엇인지 모르겠고, 어떤 걸 인생의 최우선 가치로 둬야 하는지도 복잡하기만 하다. 나는 행복을 가장 첫 번째의 이유로 두고 살고 있다. 내가 행복하고, 또 남도 같이 행복한 그런 삶을 꿈꾼다.

배 위에서 하염없이 바다를 바라봤다. 바다의 물결 소리가 거칠었지만, 내 머릿속은 고요해졌다. 드넓은 바다처럼 넓은 사람이 되고 싶다고 생각했다. 나도 행복하고, 남에게 행복을 줄 수 있는 그런 사람이 되고 싶어진 지금의 마음을 기억하기로 했다. 누군가에게 내 응원이 행복으로 닿길 바라면서.

더 성장할 우리

　유튜브는 나에게 특별한 공간이다. 나의 지난날들이 담겨있고, 성장한 시간이 고스란히 남아있다. 사진의 한 장면으로 기억이 남아있듯, 나의 기억들이 순간의 장면들로 남겨져 있다. 영상을 보면 바로 어제 일인 것처럼 생생하게 기억이 되살아난다. 나의 일상이 누군가에게는 미소가 되기도 하고, 응원이 되기도 하고, 즐거움이 되기도 한다는 건 정말 보람찬 일이다. 댓글들을 하나하나 읽어볼 때면 나를 이렇게나 좋아해 주시는 분들이 많다는 게 벅찰 만큼 감사하면서도, 꿈만 같다.

　예전의 나는 내가 뭘 좋아하는지, 어떤 걸 잘하는지, 가장 하고 싶은 게 뭔지 선뜻 떠오르지 않는 사람이었다. 막연히 하고 싶은 것들은 많았지만, 그걸 해낼 수 있을지 두렵기만 했었다. 내가 생각한 꿈은 터무니없는 꿈이라고만 생각하고 굳이 깊이 생각하지 않았다. 그런 내가 유튜브를 하게 되면서 달라졌다. 어떤 걸 좋아하고, 잘하는지, 내가 하고 싶은 것은 무엇인지 뚜렷해졌다. 허무맹랑하다고 생각했던 내 꿈들도 현실에서 하나씩 이루어질 수 있다는 용기가 생겼다.

부여에 가서 직접 연꽃 심는 일, 수산시장에서 일일 아르바이트, 웹드라마의 주인공으로 연기, 모델로서의 광고 촬영 등등 살면서 해볼 기회가 있을까 했던 많은 순간을 경험하고 있다. 또, 내가 만날 일은 없을 거라고 생각했던 분들과 함께 컨텐츠를 만들고 뜻깊은 일들에 참여하기도 했다. 처음 카메라를 들고 영상을 찍었던 그 당시만 해도 상상하지 못했던 일들이다. 어떻게 될지 확실한 게 없어도 시작할 수 있었던 이유는 결과를 미리 걱정하지 않았기 때문이다. 완벽한 성공이나, 안전한 성공은 거의 없는 것 같다. 하고 싶은 마음과 꾸준하게 걸어갈 용기만 있다면 일단 시작하면 좋겠다.

자신이 가진 가치는 스스로 꺼내서 갈고 닦기 전에는 아무도 알 수 없다. 나 역시도 아직 내가 가진 가치를 다 찾지 못했고, 여전히 찾아가는 중이다. 앞으로 더 성장할 우리를 응원한다. 시작에 머뭇거리지 않고 작은 실패에 좌절하지 않길 바라면서.

그 마음이 부끄럽지 않도록

　학창 시절을 돌아보면 주변의 친구들은 특별히 좋아하는 무언가가 하나씩은 있었다. 가장 친한 친구는 무척 좋아하는 연예인이 있어서 그 친구의 생일날 커다란 전지에다가 연예인 얼굴을 붙인 큰 편지지를 만들어서 편지를 써준 적도 있다. 하지만, 나는 푹 빠져있는 취미도 딱히 없고, 드라마를 보면서 그 등장인물을 보고 멋있다는 생각은 가졌어도 연예인을 팬의 마음으로 열혈이 좋아해 본 기억이 없다. 드라마가 끝나면 금세 잊어버렸다. 그래서 팬의 마음이 어떤 건지 잘 알지 못했다. 살면서 '나도 연예인이나 누군가의 팬이 되어 푹 빠져봐야지'라고만 생각했었는데, 어느 날부터 내 팬이라고 말해주시는 분들이 나타났다. 감히 내가 다 알지 못하는 그 다정한 마음을 내가 받아도 되는지 싶은 마음이었다. 너무 신기하고 어색하기도 하고 부끄럽기도 해서 "저한테 팬은 후라이팬 밖에 없어요"라는 시시한 농담을 건넸다. 말을 그렇게 했지만, 가슴이 콩닥거리고 무척 행복했다.

늘 마음속에 있는 말이지만, '내가 뭐라고 나를 좋아해 주시지'라고 문득 떠오를 때마다 나에게 관심을 가져주시는 분께 감사함이 더욱 커진다. 누군가를 좋아하는 마음은 그 대상이 무엇이든지 너무나 소중하다. 내가 무엇을 좋아하는지 어떤 사람인지 궁금해하는 마음이 귀엽고 감사하다. 나는 정말 대단한 사람이 아닌데도 우연히 만났을 때 나를 보며 웃어주고 좋아하는 모습을 볼 때면 마음이 간질거릴 정도로 무척 기분이 좋다.

항상 멋있고 대단한 선택을 하진 못하겠지만, 나를 좋아해 주시는 분들을 실망시키지 않는 길을 걸어가려고 한다. 오래오래 좋은 기억으로 괜찮은 사람으로 남고 싶다. 누군가 나를 좋아해 주는 그 마음이 부끄럽지 않도록.

늘 너의 편이 되어줄게

친구

친구라는 단어에 대해서 정의를 내리는 건 참 어렵다. 고민거리나 걱정을 편하게 털어놓을 수 있는 사람. 오랜만에 만나도 엊그제 만난 것처럼 편안한 사람. 대화할 이야깃거리가 많은 사람. 언제든지 전화하고 만날 수 있는 사람. 나와 나이 또래가 비슷한 사람. 어떤 게 친구의 정의일까 생각해 보다가 명쾌한 답을 찾지는 못했다. 다만 지금의 나에게 친구라는 것은 서로의 모습을 그대로 인정해주고 생각을 자유롭게 나눌 수 있는 사람이 친구이다. 이야기하며 같이 웃고 공감한다면 누구와도 친구가 될 수 있는 것 같다.

친구를 사귀는 건 신나면서도 조심스러운 일이다. 사람을 사귈 때 첫인상으로만 상대를 속단하지 않으려고 한다. 아직 그 사람이 어떤 사람인지 다 알기도 전에 겉모습이나 분위기만 보고서 어떤 사람일 거라고 미리 단정 짓고 판단하는 건 아주 위험한 일인 것 같다. 첫인상보다는 내가 그 상대와 시간을 보내면서 알아가는 것들을 더 중요하게 생각한다. 알아가다 보면 차가웠던 인상의 사람이 사실은 내면이 순두부처럼 부드럽고 따뜻한 사람인 경우도 있었고, 어딘가 무뚝뚝해 보였던 사람이 누구보다 정이 많은 사람이기도 했다.

사실 나도 외향적으로 보이지만 소심한 면도 많다. 그래서 처음 보는 사람에게 먼저 살갑게 인사를 하는 것이 나름대로 용기를 갖고 슬며시 다가가는 것이다. 두근거리며 꺼낸 한 마디에 상대가 작은 반응이라도 해준다면 너무 고맙고 기분이 날아갈 것 같다. 나에게 집중하고, 귀 기울여 줬다는 사실에 신이 난다. 번갈아 가며 서로 질문하고 답변하고 그러다 보면 어느새 마음이 맞는 좋은 친구가 되어있었다.

친구가 많은 편은 아니지만, 소중하게 생각하는 친구들을 모두 진심으로 아낀다. 어릴 적부터 알아 온 친구도 있고, 근래 들어서 친해진 친구도 있고, 자주 만나지 못하는 친구도 있다. 내 친구들을 하나의 단어로 단정하기 어려울 정도로 다 각자가 지닌 매력이 다르다. 함께할 때 즐거움이 더해지고 서로에게 나눠주는 밝고 긍정적인 에너지가 공통점인 것 같다. 가까운 사이이기에 고마운 마음을 가끔 장난스럽게 표현했다. 연락하지 않아도 자주 보지 못해도 이들을 사랑하는 마음은 한결같이 크지만, 앞으로는 내게 소중한 이들을 더 잘 챙기고 자주 표현하는 사람이 되어야겠다. 많은 사람을 만나고, 그중에 마음이 잘 맞는 친구를 사귀면서 삶은 더 풍요로워지는 것 같다. 삶은 둥글게 둥글게 그리고 함께 살아가는 것이니까.

다정한 말 한마디

따뜻한 말 한마디를 주고받는 것만으로 큰 힘이 되고, 또 큰 행복이 된다는 걸 깨닫게 된 우연한 기회가 있었다. 유난히 지친 날이었다. 출근길인데 벌써 퇴근하고 싶다는 생각밖에 없었다. 버스가 도착해서 카드를 찍으려고 올라가는데, 기사님께서 나에게 인사를 해주신 것이다.

"좋은 아침이에요. 반갑습니다~"

밝게 건네주신 인사만으로 하루의 시작이 밝아진 기분이었다. 나도 기사님께 인사를 드리고 좌석에 앉아서 가고 있었다. 다음 정류장에 도착했을 때도 기사님은 버스에 탑승하는 승객들에게 반갑다는 인사를 한 명 한 명씩 다 건네주셨다. 그리고 제일 앞자리에 탄 승객과는 소소한 대화를 나누시는 모습이 참 포근했다. 인사를 건네는 건 짧은 순간이지만, 말 한마디가 만들어 주는 행복의 크기는 크다는 게 새삼 와닿았다. 그 후로는 먼저 인사하거나, 짧은 한마디라도 기분 좋아지는 말을 많이 건네려고 노력한다.

부끄러워하지 않고, 고마운 마음, 사랑하는 마음, 보고 싶은 마음 같은 다정한 마음들을 표현하는 편이다. 말하지 않으면 잘 모른다. 좋은 이야기가 지닌 따뜻함의 온기는 쉽게 작아지지 않는다. 다정한 말은 말하는 사람도 듣는 사람도 모두 행복해지도록 그 공간을 품어준다. 문득 친구의 장점이 오늘따라 유난히 빛나 보일 때 속으로만 생각하지 말고 친구의 근사함을 말로 표현해 준다면, 그날 느끼게 될 온도는 평소보다 더 따뜻할 것이다.

언젠가 엘리베이터를 탔을 때, 얼굴만 몇 번 봤던 기억이 있는 이웃분이 계셨다. 평소에는 조용히 우리 집 층수에 도착하기만을 기다렸는데, 그날은 용기를 내서 인사를 드렸다. 그러자 이웃 주민분도 활짝 웃어주시며 인사를 건네주셨다. 내릴 때도 서로 '안녕히 가세요'라고 인사하며 엘리베이터에서 내렸다. 그날은 왠지 엘리베이터도 금방 도착하는 것 같았고, 집에 들어와서도 입가에 웃음이 번져 있었다.

　엄청난 응원이나 근사한 선물이 아니더라도, 따뜻한 말 한마디만으로도 우리는 누군가를 충분히 응원할 수 있고 마음을 전할 수 있다. 내가 마주하는 상대방이 나로 인해 기분이 좋아지면, 덩달아 나도 힘이 나고 기분이 좋아지는 건 자연스러운 일이다. 나 혼자서 행복한 하루가 되는 것보다 내 주변의 사람들과 함께 행복한 하루를 만드는 게 더 큰 행복이 되니까.

온기 가득한 감정만

다양한 사람들과 만나고 관계를 맺고 지내다 보면 수많은 감정이 만들어지기 마련이다. 긍정적인 감정만 피어나면 좋겠지만 부정적이고 날 선 감정들도 불쑥 돋아나기도 한다. 그럴 때면 한 번 더 생각해 보고 행동하려 노력하지만 감추기 어려울 때도 있다.

무례한 사람을 마주한 적이 있었다. 저분은 저런 사람인가보다 하고 지나치거나 '의도와 다르게 말을 하신 걸 거야.'라고 생각하고 넘겼어도 됐다. 그렇지만, 반복되는 무례함은 짧은 순간이었지만 상처가 깊었고, 다시금 나를 따갑게 했다. 가시 돋친 말을 하는 상대에게 다가가서 어떤 의미로 말한 것인지 물어봤다. 내가 이런 질문을 하면 기분 상하게 할 의도가 아니었다며 오해를 풀어주는 사람도 있고, 당황하며 말을 늘어놓는 사람도 있다. 그저 표현력이 부족한 사람이었다는 걸 알면 속상했던 마음도 풀리고 오히려 내가 미안해지기도 한다.

  미워하는 감정을 이왕이면 최소로 사용하려고 한다. 정답을 모른 채 스스로 감정과 생각의 몸집을 키워서 상대방을 미워하고 싶지 않다. 속 시원하게 물어보고 깔끔하게 정리하는 게 좋다. 상대가 나를 미워할 수도 있지만, 나도 똑같이 미워하진 않는다. 누군가를 미워하는 감정은 나를 갉아먹기에 본인이 더 힘들 수 있다는 걸 알기 때문이다.

  감사할 일을 찾고, 웃을 일을 떠올리고, 고마운 사람에게 감사함을 표현하기에도 벅차다. 나에게 부정적인 감정을 불러일으키는 사람까지 연연하며 살아갈 필요는 없다. 언짢은 감정은 털어버리고 나의 오늘을 더 힘차게 살아갈 수 있는 온기 있는 감정만 간직하면 좋겠다.

실패해도 넘어지지 않는 마음

"가영인 항상 자신감 있는 사람으로 보여."

친한 언니가 나에게 이렇게 말해줬다. 처음 이 말을 들었을 때 내가 그렇게 보인다는 게 신기했다. 평소에 나라는 사람이 어떻게 보이는지 자주 생각하진 않아서인지, 이 말을 듣고 한참이나 기분이 좋았다. 자신감이 있다는 건 무엇이든지 시작할 수 있는 마음가짐인데, 내가 살아가면서 힘 있고 멋지게 보인다는 사실이 기뻤다.

매사에 잘할 거라는 확신은 없지만, 나는 잘 이겨낼 것이라는 자신감을 채우려고 노력한다. 호기롭게 도전한 일이 슬프게도 생각만큼 성공적이진 못한 결과가 있을 때가 태반이다. 그래도 그걸 붙잡고 오랫동안 자책하거나 좌절하지 않는다. 어차피 지나간 일이고 일을 되돌릴 순 없다. 노력한 만큼 이뤄지지 않았거나 실패했다고 한들 그 일을 왜 했을까 후회하는 것보다 실패한 원인을 찾고 다음엔 반복되지 않도록 하는 게 오히려 성장할 수 있는 밑거름이 된다. 물론 마음은 아프다. 노력해 온 시간이 물거품이 된 것 같고, 속상한 건 어쩔 수 없다. 하지만 그런 감정을 오래 붙잡고 있을수록 바뀌는 건 없고, 자신감만 떨어지게 된다.

간절히 바라던 기회가 아예 근처에 오지 않기도 했고, 열심히 준비했지만 아슬아슬하게 놓친 적도 여러 번 있었다. 상실감이 너무 컸다. 슬퍼도 스스로 위로했다. '나를 알아보지 못한 거야. 다음엔 꼭 이뤄낼 거야.' 오늘 넘어졌더라도 내일 다시 일어날 수 있도록 마음을 달래주어야 한다. 해낼 수 있을 거라는 자신감으로 가득 채워줬으면 좋겠다.

가끔 주변을 보면 자기 삶에서 유통기한을 정해놓는 것 같은 모습을 볼 때가 있다. '저번에 안 됐는데, 이번에도 안 되겠지 뭐.' 이렇게 말하기도 하고, 나와 또래임에도 '내 나이가 몇인데 새로운 시작을 하기엔 너무 늦었어. 그냥 하던 거나 해야지.' 이런 말을 하기도 했다. 막상 내가 보기에는 무엇이든 해볼 시기인 것 같은데, 생각보다 빨리 포기하는 모습이 안타까웠다. 친한 언니는 서른이 넘은 나이에 새로운 길을 도전하고 있다. 하고 있던 일을 멈추고 다른 일을 하는 게 무섭지 않냐고 물었더니 이렇게 대답했다.

"무섭지. 근데 무섭다고 포기하는 건 너무 아쉽잖아. 나 스물다섯 살 때는 반 오십이라고 하면서 새로운 걸 도전하는 게 무서웠고, 이십 대 후반에는 곧 서른이라면서 포기했어. 그리고 막상 서른이 되니까 허무하더라. 근데 또 뭔가를 도전하긴 무서웠어. 그러다가 나도 너처럼 도전해 보려고 마음먹은 거야. 한 번에 성공할 수는 없겠지. 그래도 괜찮아. 다음에 또 해보면 되지. 마흔 전에는 뭔가 두각이 보이지 않을까."

당장 몇 년 후의 미래는 아무도 모른다. 알 수 없기에 도전하는 것이고, 치열하게 노력하는 것이다. 잘하고 있으면서 잘하고 있는지 모르고, 잘할 일인데 잘할 것임을 모르고, 일단 '만약'이라는 단어에 부정을 섞어내는 생각을 지워야 한다. 성공과 실패라는 단어에 좌우되는 자신감 말고, 자신이 나아갈 모든 과정을 버텨낼 용기에 자신감을 선물해 줬으면 좋겠다. 실패에 무너지지 말고, 시기에 주저하지 말고, 자신감(自信感) 한자 뜻 그대로 자신을 믿어주는 마음을 단단히 가지고 나아가길.

'나를 알아보지 못한 거야.'
'다음엔 더 열심히 연습하고, 준비해서 꼭 합격할 거야.'

해낼 수 있을 거라는 자신감을 오늘도 가득 채워본다.

행복한 기억들이
　　　　　필요해

🍃

　두고두고 꺼내 볼 행복한 기억들은 예쁘게 쌓아두어야 한다. 예상치 못했던 좌절 앞에서 버텨내는 힘도, 감당하기 힘든 현실에서 넘어지지 않는 의지도 다 행복했던 기억들이 만들어 내는 힘이다. 시간을 내서 가보고 싶었던 곳을 가보고, 먹고 싶었던 것을 먹어보고, 해보고 싶었던 것을 해본다. 별거 아닌 일들 같지만, 돌이켜 보면 그때 해보길 잘했다는 생각이 든다. 평범한 일상에 작은 즐거움을 선물하자. 잠깐의 일탈에 혹여 나중에 후회할지 모른다고 어떤 경험도 하지 않는다면, 그게 더 큰 후회가 될 것만 같다.

문득 들어간 빵집에서 사 온 조각 케이크가 너무 맛있었고, 가보고 싶었던 카페의 커피가 향기로웠고, 우연히 도착한 여행지의 풍경이 아름다웠다면 그걸로 충분하다. 살아내느라 퍽퍽해진 마음에 여유를 주는 건 중요한 일이다. 바쁘게 살아가는 자신에게 소소하고 즐거운 기억을 자주 만들어 주길 바란다. 당장은 작은 기쁨에 그치지 않는다고 생각하겠지만, 어느 날 마음이 지쳤을 때 그 기억들이 마음에 햇살이 되어줄 것이다.

언제나 서로를 응원하는 사이

주변 사람에게 나의 고민 이야기를 거의 안 한다. 두루두루 잘 지내긴 하지만, 정말 친하다고 느끼는 친구가 많지 않다. 새로운 사람과 말 놓기는 쉬운데 마음을 터놓기 어렵다. 그래서인지 친구가 몇 명 없는 편이다. 사람들에게 연락을 자주 하는 편이 아니고, 약속을 자주 잡지도 않는다. 성인이 되고 대학교에 와서는 친구와 같이 학과 수업을 짜서 붙어 다녀 본 적이 없다. 혼자 수업 듣고, 적응하는 생활도 제법 씩씩했고 새로운 만남이 재밌어서 외롭지는 않았지만, 고등학교 친구들이 종종 그리웠다.

대학교에 가면서 함께 급식소로 달려가고, 쉬는 시간이면 뛰어놀았던 고등학교 친구들이 뿔뿔이 흩어졌다. 각자 걸어가고 있는 길도 달라서, 다양한 삶을 살고 있다 보니 예전처럼 함께하기가 어려워졌다. 이제는 어렴풋한 기억이 된 친구도 있고, 친하지만 자주 만나지 못하는 친구도 많아졌다. 친한 친구였기에 추억이 짙어서, 오랜만에 보고 싶다는 생각이 들 때가 있다. 그럴 때마다 연락해 볼까 하지만, 괜히 너무 시간이 흐른 것 같아 망설였다.

매번 다음으로만 미루다가 창원에 갔을 때 친구들을 만났다. 사실 만나기 전에 조금 어색하진 않을까, 나를 잊진 않았을까 조금은 걱정했다. 오랜 친구와 잡은 약속인데도 두근거리는 기분 좋은 설렘이 있었다. 모처럼 만난 친구들이랑 요즘 어떻게 지내는지 물어보고, 고등학생 때 추억 이야기를 나눴다. 꽤 오랜만에 만난 것인데도 며칠 전 만난 사이 같았다. 이야기하면 할수록 함께 고등학교에 다니던 맑았던 때로 돌아간 기분이었다. 내가 기억하지 못하는 고등학교 시절 이야기도 많았고, 각자 그동안 살아온 이야기들이 많아서 시간이 금방 흘러갔다. 또 언제 다시 이렇게 모일지 모른다는 생각에 시간이 빨리 지나가는 게 아쉬울 정도였다.

친구들은 거의 창원에 살거나 창원 근처에 살고 있는데, 나만 거리가 좀 멀다 보니 친구들과의 약속에서 늘 빠지게 되었다. 만나지 못하는 횟수가 늘어날 때마다 나는 자연스럽게 멀어지고 잊혀질 거라는 걱정도 들었다. 내 걱정이 무색할 만큼 모처럼 만난 친구들은 그대로였다. 여전히 장난스럽고 짓궂지만 종종 나를 생각했다는 걸 느꼈다. 멀리 떨어져 있어도 언제나 서로를 응원하는 존재가 있다는 건 든든하고 행복한 일이다. 친구가 많이 없어도, 자주 볼 수 없어도 괜찮다. 오랜만에 만나도 반갑고 편한 친구 몇 명이면 충분한 것 같다. 한두 명이라도 마음 편하게 만날 수 있고 고민을 털어놓을 수 있는 친구가 있음에 감사하다.

멀리 있어도
자주 보지 못해도
언제나 너를 응원해.
열심히 살아가다
어느 날 문득 보고 싶거나
왈칵 모든 걸 쏟아내고 싶을 때
내게 말해줘.
나는 언제나 그 자리에 있을게.

조금만 다른 시선으로 바라보면

 카페나 제과점에서 빵을 고를 때 시간이 오래 걸린다. 특히 빵 구경하는 걸 좋아해서 그렇다. 맛있게 구워진 빵 냄새를 맡는 게 좋다. 빵 구경하는 걸 워낙 좋아해서 내가 만든 말도 있다. '빵구'라고 부르는데, 카페나 제과점에 가면 실컷 '빵구'하고 온다.

 산책을 좋아한다. 계절마다 달라지는 분위기도 좋고, 변화하는 나무의 색도 좋다. 산책하다 만나는 강아지들의 반가운 꼬리도, 냇가에 여유로운 물고기의 한적함도 좋다.

아침에 일어나면 이불 개는 걸 좋아한다. 포근한 이불 속에서 더 자고 싶은 마음을 뿌리치고 일어나 가장 먼저 창문을 활짝 열고 이불을 턴다. 팔랑이는 이불처럼 내 하루도 훨훨 시작될 것 같아서 좋다.

우리 할머니가 만들어 주는 식혜도 좋아한다. 물만큼이나 밥알이 엄청 많이 들어간 할머니표 식혜는 한 잔만 먹어도 밥 먹은 것 같다. 가족들과 옹기종기 거실에 모여 앉아 할머니 식혜를 따라 마시면 빵빵하게 배가 불러오는 느낌이 좋다.

좋아하는 게 너무 많아서, 좋아하는 것들을 해볼 수 있어서 매일이 즐겁고 감사하다. 언제나 행복할 수는 없어도 어디에나 좋아하는 것들이 있다. 어디에나 좋아하는 것들이 있어서 늘 미소 지을 수 있다.

봄은 따뜻해진 풀 내음이
여름은 활기찬 초록색이
가을은 코끝의 선선함이
겨울은 달콤한 붕어빵의 온기가
사계절 내내 행복이 가득하다.

이른 아침엔 새의 지저귐이
점심엔 맛있는 밥 냄새가
저녁엔 노을의 반짝임이
밤엔 고요한 진중함이 좋다.

조금만 아주 조금만 다른 시선으로 바라보면
세상은 내가 좋아하는 것으로 가득하다.

여행의 이유

나는 여행이 참 좋다. 여행에 대해서 멋진 말들이 많지만, 아직 나는 여행에 큰 의미를 부여하고 싶지는 않다. 여행을 계획하는 동안 느껴지는 설렘과 여행하는 동안 느낄 수 있는 즐거움이면 여행이 나에게 주는 역할은 충분하다.

어딘가로 떠난다는 것에 대해서 부담을 느끼지도 않고, 여행 준비에 대해서도 크게 스트레스를 받지 않는다. 편하게 떠나고, 그곳에서 걱정 없이 마음껏 즐기고, 일상으로 돌아온다. 예전의 나는 여행이 주는 설렘은 크지만 그 전에 준비할 게 많다고 생각해서 나름의 스트레스를 받았다. 넉넉한 여행 자금을 모아두어야 하고, 어디를 갈 건지

다 찾아서 목적지를 정하고 일정을 짜야 한다고 생각했었다. 막상 여행을 다녀보니 굳이 그렇지 않아도 괜찮았다. 마음이 이끄는 곳으로 떠나서 실컷 마음으로 담고 오면 그게 여행이었다.

여행을 가면 무엇을 먹어도 새롭기에 길거리 음식도 많이 먹었고, 걸어서 돌아다니면 낯선 풍경이 펼쳐져서 그냥 그곳에 와있다는 자체가 행복이었다. 남들이 가는 유명한 명소나 맛집을 필수라고 생각하지 않았다. 따라 하는 건 남의 여행을 쫓는 거지 나의 여행이 아니라고 생각했다. 그러자 여행이 한결 가벼워졌다. 내가 가장 즐거운 걸 찾아가는 과정이 여행의 진짜 의미였다.

언제나 훌쩍 떠날 수 있는 것은 여행에 대한 모든 준비가 늘 되어있어서가 아니다. 새로운 장소에서 기억을 만들어 간다는 것 자체가 설렘이고 행복이기 때문에 늘 주저 없이 떠나는 것이다. 부족한 것은 부족한 대로, 없는 것은 없는 대로 여행의 모든 순간을 오롯이 즐기면 오래도록 마음에 깊은 기억으로 남게 된다.

견문을 넓히기 위해 혹은 세상을 바라보는 눈을 키우기 위해 같은 거창한 목표를 두고 여행을 다니지 않는다. 무언갈 배우겠다는 마음가짐 대신 일상에서 잠시 떠나있는 동안은 최선을 다해 즐거워야겠다는 생각으로 여행한다. 여행지에서 봤던 노을, 살랑이던 바람, 바람에 나부끼는 나뭇잎 소리, 모든 것들이 다 기억이 되고 응원이 된다. 다시 일상을 살아갈 나에게 커다란 용기가 되어주는 것이다.

 누군가 나에게 여행의 목적을 물어본 적이 있다. 어떤 걸 느끼기 위해서인지 혹은 기분전환을 위한 것인지 같은 질문이었다. 편안한 여행은 어떠한 목적도 있지 않아야 한다고 답했다. 굳이 뭘 느끼려고 하지 않고, 여행에서의 모든 시간에 몸을 맡기면 자연스레 '아, 내가 이래서 여행 왔지.'라고 알아차린다.

 뭘 해도 머릿속이 복잡하고, 아무것도 손에 잡히지 않는 날이면 아주 잠시 당일치기를 해서라도 여행을 떠난다. 지쳐 넘어지는 것보다 훌훌 털고서 다시 걸어갈 준비를 하기 위함이다. 내게 조금의 여유도 주어져서는 안 될 것 같은 마음이었는데, 조급함과 불안함이 비워지는 기분이 들게 된다. 어디서부터 해야 할지 모든 게 막막하고 마음이 무겁다면 근처의 어딘가라도 가볍게 여행을 다녀오는 걸 추천한다. 짧은 시간일지라도 분명 당신에게 새로운 힘을 불어넣어 줄 것이다. 다시 또 오늘을 힘내서 살아갈 수 있게.

인생 여행지

국내 여행은 미리 비행기 표를 예약하지 않아도 버스를 타거나 자동차를 타면 당일치기도 가능하다. 많은 사람들이 대게 국내 여행이라고 하면 해외만큼의 설렘과 재미가 없다고 생각한다. 이국적이라는 기준은 잘 모르겠지만, 여행이 꼭 이국적이어야만 하는 걸까. 국내 여행지들도 너무 예쁜 장소들이 많은데, 알려지지 않은 곳이 너무 많은 것 같아 아쉬움이 크다.

우리나라 곳곳을 다니며 동네마다 가진 풍경과 느낌이 정말 다양하다는 걸 깨닫는다. 여기가 내가 알던 지역이 맞나 싶을 정도로 멋있는 곳이 정말 많다. 보통은 여행지라고 생각하지 못했던 곳도 여행을 다니니까, 국내에서 어디로 놀러 가야 좋냐며 추천해달라는 질문을 제법 받았다. 여행을 다니면서 영상으로 기록한 모든 곳이 다 즐길 거리가 달라서 전부 소중한 여행지이지만, 그중에서도 특히 자주 추천했던 지역이 있다.

전라북도 진안군이다. 사실 진안군은 진안고원이라고 붙어있는 버스 광고로 본 게 전부여서 나에게 생소한 지역이었다. 뭐가 유명한지 가서 무얼 하면 좋을지 아무런 계획 없이 갔던 여행이라 조금 막막했다. 진안 마이산 휴게소를 들렀는데 거기서도 마이산이 보였다. 멀리서 봐도 저게 마이산이라고 직감할 수 있었다. 마이산에 도착하자 우뚝 솟은 두 봉우리가 보였다. '말 마(馬)' '귀 이(耳)' 이름의 뜻처럼 말의 귀처럼 쫑긋하게 생긴 모양이었다. 처음 봤을 때 저길 어떻게 올라갈지 흠칫했다. 그래도 꼭 가보고 싶어서 마이산 등반을 첫 번째 코스로 정했다. 등반이 힘들지 않고, 볼거리가 많다는 설명을 들었다. 산인데 경치 말고 뭐가 볼 게 있다는 건지 궁금했다.

그날은 일기예보대로 눈이 내리고 있었다. 눈 오는 날 산에 올라가는 건 처음이라 점점 더 기대가 커졌다. 산을 오르기 시작했는데 얼마 가지 않아서 맛있는 음식을 팔고 있는 가게를 만났다. 금강산도 식후경이라고 우선 밥을 먹기로 했다. 평소보다 일찍 출발했는데도 벌써 반대쪽에서부터 산을 타고 내려오시는 어르신분들이 많았다. 빨리 먹고 서둘러서 가봐야 하나 싶다가 조급해하지 않고, 밥을 든든히 먹고 출발하기로 했다. 고기에 나물 반찬에 구수한 국물까지 나온 한 상 차림을 가뿐히 먹고 발걸음을 나섰다.

한 15분 정도 걸었을 때 오리배가 둥둥 떠 있는 저수지가 나왔다. 고요한 저수지가 산에 있다는 게 신기했다. 산을 오르면서 점점 숨이 차올랐고, 눈바람이 세게 몰아치는 날이라 귀가 떨어져 나갈 듯이 추웠지만 재밌었다. 아직 한참 더 가야 해서 막막하다가도 걸어온 길을 보니 제법 많이 올라와서 뿌듯함에 미소가 절로 나왔다. 내려다보이는 절경과 함께 하얀 눈이 마치 꽃잎이 휘날리는 듯, 예뻐서 추위가 녹는 듯했다. 웅장한 탑사의 분위기는 신비스러웠다. 소원이 이루어질 것 같았고, 좋은 일이 가득해질 것만 같았다.

등산을 끝내고 족욕 하는 곳을 찾았다. 등산을 한 후 많이 피로한 상태였는데, 마침 족욕이라니 너무 좋았다. 심지어 홍삼 족욕이었는데, 따뜻한 홍삼 물에 몸을 녹이고 싶어서 홀린 듯이 들어갔다. 발만 넣었을 뿐인데 마치 따뜻한 고구마를 먹은 것처럼 속이 따뜻해지고, 발끝이 찌릿찌릿해지다가 온기가 온몸을 감쌌다. 노곤해져서 언제 등산을 했었냐는 듯 개운하고 피로감이 가셨다. 덕분에 피로가 회복된 상태로 일정을 마무리할 수 있었다.

다음날엔 진안에서 유명한 특산품인 진안 홍삼을 이용한 홍삼 스파에 갔다. 지난밤의 홍삼 족욕에 이어서 홍삼 스파까지 하니 건강해지는 것 같았다. 홍삼 스파의 가장 좋았던 점은 바로 노천탕이 마이산 전망이었다는 점이다. 전날 눈이 왕창 쏟아지고 당일은 해가 쨍한 날이었는데, 노천탕에서 바라본 눈으로 뒤덮인 마을과 마이산은 정말 아름다웠다. 내가 보고 있는 이 풍경이 꿈이 아니라 진짜

인가 싶을 정도로 하얗게 반짝이고, 또 빛이 났다. 너무 멋져서 사진을 찍다가도 눈과 마음으로 많이 느껴야겠다는 생각이 들었다. 하염없이 깨끗한 공기를 마시며 풍경을 바라봤다. 한참을 앉아있어도 추위는 느끼지도 못한 채 너무 행복해서 나가고 싶지 않았다.

처음 보는 풍경, 우연한 맛집, 여행지에서 만난 다정한 사람들, 그리고 그곳에서 실컷 행복했던 기억을 마음에 품었다. 생각지도 못했던 곳에서 손에 꼽을 만큼 멋진 풍경을 만난 여행이었다. 아직 가보지 않은 대한민국 곳곳에 내가 모르는 아름다운 곳들이 얼마나 많을지 기대된다. 국내에도 정말 멋진 곳이 많다는 걸 더 많이 보여주고 싶다. 어쩌면 생각보다 가까운 곳에 당신의 인생 여행지가 기다리고 있을지 모른다.

소중한 '나'

매 순간 해야 하는 일과 하고 싶은 일이 충돌한다. 외출 후 집에 들어오면, 곧장 침대로 가서 누워서 자고 싶은 마음과 그래도 씻고 자야 한다는 마음이 부딪힌다. 집에만 들어오면 왜 이렇게 씻는 게 귀찮고, 입고 나갔던 옷가지들을 정리하기 싫은지 모르겠다. 그냥 누워버리고 싶은 순간마다 '으아아악 씻어야 돼'를 마음속으로 외치면서 화장실에 들어간다. 막상 씻고 나오면 언제 귀찮아했냐는 듯 널브러트려 놓았던 옷이며 가방들을 정리하고 깨끗한 잠자리에 눕곤 한다. 별일 아니라고 해도, 그런 날이면 오늘 하루도 잘 마무리했다는 뿌듯함으로 몽글몽글 차오르는 걸 느낄 수 있다.

소소한 뿌듯함을 느끼며 매일을 살고 있다. 해야 하는 무수한 일 중에서 작은 뿌듯함을 주는 일을 하나라도 해냈다면 그 자체만으로도 대단한 것이다. 하고 싶은 일이 있어도, 해야 하는 일을 먼저 선택한 나를 칭찬해 준다. 사소한 기특함을 차곡차곡 모아놓는다. 거창한 게 아니더라도 작은 나의 노력을 인정해 주고 북돋아 주려 한다.

오늘도 나는 여러 번 나를 칭찬했다. 바쁜 와중에도 청소했고, 대충 먹지 않고 식사를 제대로 챙겨 먹었고, 영양제도 잊지 않고 먹었다. 어렸을 때 유치원에서 칭찬 도장을 받듯 내 마음속에 칭찬 도장을 꾹꾹 눌러 찍었다.

살아가면서 필요한 건 거창한 성공담보다 소소함을 이뤄낸 나에 대한 인정일 것이다. 모든 일이 계획한 대로 흘러가고, 나를 괴롭혔던 모든 장애물이 사라지고 원하는 결과가 이뤄지는 영화 같은 성공은 흔치 않다. 일상을 살아가는 우리들에게는 소소한 미션을 하나씩 성공시키는 게 가장 근사한 성공일지 모른다.

별일 아닌 거라고 무시하고, 당연히 해야 할 일이라고 넘어가지 않았으면 좋겠다. 부지런히 보냈던 하루의 모든 과정은 절대 당연하지 않다. 더 자고 싶은 아침에 눈을 뜬 것도, 늦지 않고 학교나 회사에 도착한 것도, 열심히 하루를 보내고 집에 돌아와 하루의 마무리를 맞이한 것도 모두 대단한 일이다. 자신을 자주 인정해 주고 믿어주면 좋겠다. 생각보다 자주 기특해지고 대견스레 여겨질 소중한 '나'일 테니까.

선물 같은 사람

　그날의 기분을 순식간에 바꿔주는 만남이 있었다. 내가 게스트로 출연하는 촬영이 있어서 서울에 간 날이었다. 새로운 촬영장에서 새로운 사람을 만난다는 건 긴장감이 있다. 더군다나 일이라는 연결고리로 만나는 사람을 대하는 건 더욱 조심스러운 일이다. 카메라 앞에서 즐겁게 열심히 뛰어놀고 오자고 수없이 되뇌지만, 말처럼 쉽게 따라오지 않는 내 마음이었다. 마음이 긴장돼서 그런지 그날따라 머리 스타일도 얼굴도 마음에 안 들었다. 더욱 생각할 거리가 많아진 탓에 긴장감이 높아졌다. 내 긴장감이 촬영에

방해가 되면 안 되기에 "잘할 수 있다!!"를 외치면서 힘을 북돋아 마인드 컨트롤을 하고 촬영을 시작했다.

 뭔가 순탄하지는 않은 날이었다. 촬영을 시작하고 반 정도 찍었는데, 미처 확인하지 못한 부분이 있어서 재촬영에 가야 한다는 말을 들었다. 평소였으면 '좋아! 두 번째니까 더 잘할 수 있어!'라는 마음이었겠지만, 오늘따라 긴장을 많이 했던 터라 무언가 잘 안 풀린다는 생각에 머릿속이 와르르 무너지는 듯했다.

 꼭 이런 마음이었다. 설레는 약속 날 열심히 꾸미고 나왔는데 갑자기 비가 내려서 앞머리도 내려오고, 옷도 젖는 바람에 어디론가 도망쳐서 숨고 싶은 마음이었다. 내가 좋아서 선택한 일이고, 잘하고 싶기에 마음이 심란하지만 이런 마음을 잘 숨겨두어야 했다. 재촬영은 더 잘 해내고 싶어서 혼자만의 노력을 하고 있었다.

 '괜찮아. 더 잘할 수 있어. 오히려 잘된 일이야. 이걸 보시는 분들은 처음 촬영하는 모습으로 알고 보실 테니까 전보다 더 나은 모습으로 오히려 더 신나게 들어가자.' 나름의 준비를 하고 다시 촬영을 시작했다.

다행히도 무사히 촬영을 잘 끝냈다. 촬영이 끝나고 긴장감은 풀렸지만, 과연 영상이 잘 나올까 걱정됐다. 마냥 마음이 편하고 뿌듯하지만은 않았다. 그래도 오늘의 일정은 끝났으니까 아직 일어나지 않은 것까지 미리 걱정하고 싶지 않았다. 다 잘될 거라고 생각하며 늦은 저녁을 먹으러 갔다.

밥 먹고 카페에 앉아서 밖을 바라보고 있는데 창밖으로 지나가던 귀여운 여자 두 분이 사랑스럽게 활짝 웃으며 손을 흔들었다. 나를 반겨주시는 게 너무 기분이 좋아서 나도 호다닥 뛰어나갔다. 나가서 마주 보니까 더 반가웠다. 모르는 사이였지만 모르는 사이 같지 않았다. 꼭 한번 나를 만나보고 싶었다며 말해주는데, 그 모든 말들이 정말 고마웠다. 분명 그날은 걱정도 많고 힘든 날이었다. 아마 그대로 하루가 마무리될 줄 알았는데 우연히 만나게 된 인연 덕분에 순식간에 행복한 날이 되었다.

영상으로만 봤던 나의 모습이 전부일 텐데 나를 좋아해 주시는 마음이 너무 감격스러웠다. 나는 유명한 연예인도 아니고, 대단한 사람도 아니다. 그런데 과분할 정도로 아껴주시는 분들에게 너무 고마웠다. 친구들은 우연히 나를 만나서 너무 반갑다며 뭐라도 주고 싶다고 했다. 가방을 이리저리 뒤지더니 갑자기 젤리 한 봉지를 꺼내서 내게 건넸다.

"이거 드세요. 언니 너무 주고 싶어요."

본인이 먹으려고 산 간식일 텐데 내가 이걸 받아도 되나 싶었다. 나에게 건네주는 젤리가 꼭 사랑을 내어주는 것 같아서 감사히 받았다. 그러자 자신이 최근에 여행을 갔다 왔는데 거기서 사 온 사탕도 너무 맛있었다며, 남은 걸 통 채로 주려고 했다. 젤리 하나만으로도 마음을 전달받기는 충분해서 괜찮다며 손사래를 쳤다. 너무 나만 받는 거 같아서 고맙고 아쉬웠다. 나도 뭔가 주고 싶은데 아무것도 없었다. 고민하다가 내 손을 보니 내가 오랜만에 낀 반지가 두 개 딱 있었다. 나도 선물을 주고 싶다고 말하며 끼고 있던 반지를 하나씩 선물했다. 새것이 아니라 미안하다고 말했더니, 친구들이 괜찮다고 웃으며 받아줬다. 다른 뭐라도 갖고 있었으면 더 챙겨줬을 텐데 줄 수 있는 게 뭐가 없었다. 귀엽게도 젤리와 반지를 교환하게 됐다.

만나게 될 줄 몰랐던 인연 덕분에 그날의 모든 걱정들이 다 사라졌다. 유난히 긴장됐던 감정도, 마음에 들지 않았던 나도, 재촬영을 해야 했던 것도, 편집된 영상은 괜찮을까 하는 불안함도 모두 괜찮아졌다. 내 마음속 날씨는 구름이 가득 낀 흐린 날이었는데, 순식간에 해가 쨍쨍 내리쬐는 맑음으로 바뀌었다.

우연히 만난 두 사람은 나에게 깜짝 선물 같았다. 만약 그 친구들을 만나지 못하고 집에 갔더라면 늦은 밤까지 오늘 하루에 대해 되뇌면서 아쉬워하고 촬영 결과물이 어떤 식으로 나올지 계속 생각했을 것 같다. 굳이 하지 않아도 될 고민을 멈추게 된 건 다정한 마음을 담은 응원이 나에게 닿았기 때문이었다.

달콤 말랑한 젤리를 먹으며 행복한 미소를 지었다. 긴장으로 굳게 된 날이 또 오더라도, 다음에는 오늘보다 더 잘

넘길 수 있을 것 같다. 안 좋은 일이 연속되는 것 같은 날이면 젤리를 떠올리기로 했다. 나쁜 감정에 스며들지 않고, 조금 더 의연하게 '이럴 수도 있지' 하면서 넘어갈 것이다. 아무리 속상한 날이라 해도 기쁜 일이 선물처럼 찾아올 것이라는 기대감으로.

어떤 변화라도 괜찮아요

삶은 수시로 변한다. 그 모습이 어떤 형태로 바뀔지는 아무도 모른다. 자연스러운 변화도 있고, 급작스러운 변화도 있다. 또, 스스로 바꾸고 싶어서 일부로 변화된 것도 있고, 자신도 모른 채 변화된 것도 있다. 살아간다는 건 다양한 변화 속에서 '나다움'을 잃지 않는 게 아닐까.

자연스러운 사소한 변화에는 그다지 큰 걱정이 없다. 그런데 문제는 내가 인지하고 변화를 선택해야 하는 순간이다. 삶의 방향을 바꿔도 괜찮을지 막연해진다. 솔직히 나도 가끔은 변화가 무섭다. 변화 후에 달라지는 모습과 환경에 대한 어떤 예측이나 확신도 할 수 없어서 더욱 그렇다.

무언가를 바꾸려면 엄청난 결단력이 필요하다.

'변화된 내가 전처럼 잘할 수 있을까?'
 불투명한 미래에 대해서도 자신을 믿는 힘이 있어야 하고, 변화에 유동적으로 움직일 거라는 나에 대한 확신도 있어야 한다. 나는 많은 변화를 선택하기도 했고, 머물러 있는 걸 선택하기도 했다. 가끔 변화를 선택하지 않았던 건 변화된 후의 모습이 두렵기도 했고, 어떤 식으로 내 삶이 달라질지 아직 아무것도 그려지지 않아서 그랬다.

막상 지내보니 변화를 선택한다고 해서 일상이 송두리째 달라지는 건 없었다. 우려했던 것보다 괜찮았고, 달라진 환경에도 제법 잘 적응했다. 오히려 변화를 선택하지 않았던 몇몇 선택지가 후회될 정도였다. 변화를 두려워하면 더 많은 새로운 도전 앞에서 주저하게 될 것 같다. 내가 어떤 모습의 나라고 해도 '나'라는 존재가 달라지는 건 아니라는 걸 안다.

최근 들어서 변화해야 할 결정이 생겼을 때 나는 예전

과는 많이 달라졌다. 이 변화가 나중의 나에게 도움이 될지 생각하기 전에, 내가 새로운 변화를 진짜 원하고 있는지부터 물어본다. 나중에 후회하더라도 변화를 시도하고 싶은 게 내 진심이라면, 일단 변화를 선택한다. 달라진 길에서도 얻을 수 있는 무언가가 있다고 믿는다. 사실 앞으로의 내가 어떤 모습일지 나도 잘 모르겠다. 끊임없이 변화할 테고, 그 변화의 선택 속에서 마냥 웃는 일만 있지는 않을 것이다. 바뀐 길의 모양에 발이 걸려 넘어질 수도 있고, 내가 믿었던 사람으로부터 다칠 수도 있다. 그래도 너무 걱정하지 않기로 했다. 안정적인 것, 편안한 것에만 마음을 두다 보면 앞으로 나갈 수 없는 것 같다.

인생은 오직 나만이 그릴 수 있는 큰 캔버스지이다. 늘 파스텔톤 물감으로 잔잔한 그림을 그리다가도, 원색의 물감을 들어 다른 그림을 그릴 수 있다. 왜 갑자기 평소와는 다른 색을 썼는지 따지 거는 사람의 말에 흔들리지 않아도 된다. 커다란 종이 위에서 어디에 무엇을 그리고, 어떤 색을 칠할 것인지 결정할 수 있는 사람은 나니까.

어릴 적 선물 상자를 받으면 그 안에 어떤 선물이 들어 있을지 설렜던 기억이 있다. 나는 앞으로의 내 삶도 그런 선물 상자라고 생각한다. 어떤 게 들어있을지는 모른다. 걱정과 불안으로 궁금해하지 않고, 기대와 설렘으로 나아 가려고 한다. 어떤 변화라도 괜찮다. 변화 안에서 또 성장 할 나라는 걸 믿어본다.

삶은 선물 상자에요.
어떤 기쁨이 들어있을지
얼마나 소중한 순간이 올지
마음껏 설레하고
마음껏 기대하세요.
누구보다 잘 해낼 우리잖아요.

많이
　　사랑해요

　정말 많은 분이 우리 엄마 아빠가 나를 어떻게 키우셨나 궁금해하신다. 진심인지 모르겠지만 유튜브 채널에서 댓글을 보면 나 같은 딸을 낳고 싶다는 말을 많이 봤다. 그 말을 보고는 고개를 저었다. 솔직히 나는 키우기 힘든 딸이었던 것 같다. 엄마 아빠 말을 잘 듣고 잘 따르기만 하는 딸은 아니었다. 고집도 있고, 하고 싶은 건 꼭 해야 해서 한 번씩 소소한 말썽을 부리기도 했다. 공부하러 독서실에 간다고 해놓고 친구랑 놀러 가기도 하고, 집에 일찍 들어간다는 약속을 하고는 어긴 적도 있다.

내가 승부욕이 많은 성격이라 그렇다고 마냥 공부를 안 했던 건 아니었다. 많이 방황하는 시기라 불리는 중2병 때를 제외하면 늘 공부에서 손을 놓지 않고 열심히 했다. 그러다 가끔 공부를 안 하고 싶을 때 친구랑 놀곤 했는데, 엄마가 어떻게 알았는지 독서실에 연락해 보셨다. 내가 공부를 아예 안 한 것도 아닌데 나에게 너무 지나친 관심을 가진다고 생각했다. 엄마는 내가 없어진 줄 알고 걱정이 돼서 그랬다고 말했지만, 어린 마음에 나를 믿지 않는다고만 생각하고 서운해했다. 지나고 보니 엄마 마음이 이해가 간다. 친구 만나러 간다고 말하면 보내줬을 텐데 공부하러 간다고 말한 딸이 사라졌으니, 얼마나 걱정됐을지 헤아려진다.

엄마 아빠랑 옛날이야기를 종종 한다. 셋이 함께했던 지난 추억들을 꺼내 보는 걸 좋아한다. 잊고 지냈던 것들도 이야기하다 보면 기억나고, 그때가 생각나 미소 짓는다. 엄마 아빠와의 추억은 대부분 웃음 가득한 일인데, 부모님과 다퉜던 기억도 듬성듬성 있다. 힘들었던 때의 이야기를 하다가 나에게 엄마가 말씀하셨다.

"엄마도 엄마가 처음이라 잘 몰랐어. 미안해."

 엄마에게 나는 하나밖에 없는 딸이라, 엄마도 모든 게 처음이었다. 엄마 아빠의 모든 처음이 나였다. 내가 처음으로 목을 가누고, 배를 밀고, 기어다니고, 걷는 모든 순간이 엄마 아빠에게도 처음이었다. 내 마음을 모르는 게 당연하고, 걱정이 컸을 거라는 걸 이젠 조금 알겠다. 그때 나는 엄마가 아주 큰 어른으로만 보였는데, 사실 엄마도 처음으로 해보는 육아 앞에서 조금은 무섭고 걱정이 됐을지도 모르겠다. 어린 시절의 나는 부모님은 어른이니까 당연히 뭐든 다 안다고 생각했다. 모든 걸 다 알 것 같은 엄마 아빠가 왜 내 마음을 몰라줄까 하며 답답하고, 속상하기만 했다. 내가 엄마한테 부담을 줬을지도 모른다는 생각이 든다. 내가 엇나가진 않을까 밖에서 무슨 일 있는 건 아닐까 걱정하는 마음은 당연하다. 나는 그걸 미처 알지 못했다. 그때의 엄마 아빠도 얼마나 속상하고 힘들었을까 싶어서 뭉클해진다.

 엄마가 내가 다 크고 나서 이런 말씀을 하셨다.

"우리 가영이가 크게 엇나가는 애는 아니었는데. 네가 원하는 대로 그냥 두고 지켜볼 걸 그랬나 봐."

후회할 일이 아닌데, 행여라도 지난 일을 후회하는 것 같아서 가슴이 아팠다. 나를 이렇게 사랑받을 수 있는 사람으로 키워주셔서 감사하다. 세상은 기쁜 일이 더 많고, 매 순간을 소중히 살아야 함을 알려주신 덕분이다.

"내가 가장 사랑하는 엄마 아빠. 세상에서 제일 멋있는 두 분이 내 엄마 아빠여서 고마워요. 낳아주셔서 그리고 이렇게나 멋있게 키워주셔서 감사합니다. 많이 사랑해요."

늘 너의 편이 되어줄게

©김가영 2023년

초판 1쇄 인쇄 2023년 07월 17일
초판 2쇄 발행 2023년 08월 11일

지은이 | 김가영 / 유튜브 가요이 키우기 / 인스타그램 @gayooii

편집장 | 김유은

펴낸이 | 박우성

펴낸곳 | 좋은북스

신고번호 | 제2019-00003호

전화 | 031-939-2384

팩스 | 050-4327-0136

이메일 | goodbooks_@naver.com

인스타그램 | instagram.com/goodbooks.official

ISBN 979-11-90764-99-5 03810

· 이 책의 저작권은 출판사와 저자에게 있습니다.
· 이 책은 저작권법에 의해 보호를 받는 저작물이므로 출판사의 허락 없이 내용의 일부를 인용하거나 발췌하는 것을 절대 금합니다.